DANIEL VIDART

EL JUEGO Y LA CONDICIÓN HUMANA

Notas para una antropología de la Libertad en la Necesidad

Se juega siempre que la acción es el testigo principal del mundo; se trabaja, por lo contrario, cuando se toma la cosa como el único testimonio válido de la acción. El surco se ha trazado. Mañana volveremos a encontrarlo y lo seguiremos.

El juego no sigue nunca; se vuelve siempre a empezar.

ALAIN

Lo importante es la inmanencia de la infinitud en lo finito.

WHITEHEAD

Hegel fue quien primeramente expuso con exactitud la relación existente entre libertad y necesidad. Para él la libertad consiste en comprender la necesidad.

ENGELS

Índice

INTRODUCCIÓN

Estas notas sobre el juego, enderezadas hacia un tratamiento antropológico de la libertad en la necesidad, lo cual atañe, y muy directamente, a la producción humana del espacio y del tiempo, esas coordenadas que encuadran la peripecia existencial de nuestra especie, reiteran las preguntas, nunca del todo agotadas, nunca del todo contestadas, que la *theoría* ha formulado a la *praxis* enigmática de una singular actividad.

En efecto, el juego se rehúsa una y otra vez a revelar el significado último de su esencia; el igual que el Uroboros de los gnósticos y los alquimistas es una práctica que se consume a sí misma, que se devora a partir de la cola para reaparecer intacta de nuevo, al iniciarse una partida, como un pulsátil universo de alusiones al Ser en Sí que transforma en Ser para Sí.

El juego, múltiple y uno, es a la vez una mímesis de los ritmos cósmicos, un eco secular del diálogo entre lo sagrado y lo profano, y una réplica, a la vez programática y recapitulativa - aunque esto suene como exagerado, si no temerario - de la vida humana. Y, sobre todas las cosas, constituye una plataforma de lanzamiento para el navío espacial de la gratuidad, por más que la ganga monetaria haya desvirtuado, al nacer el espíritu crematístico, el desinterés que caracteriza al juego en su expresión más pura.

Cuando Montaigne en sus cada vez menos leídos al par que inagotables Ensayos expresaba que *"los juegos de los niños no son tales juegos, y que es preciso considerarlos como sus más serias actividades*", estaba calando en el meollo profundo de un menester que no niega sus resonancias ontológicas, antropológicas y psíquicas, ya se le examine a la luz de la sabiduría popular, ya a la de la *episteme* académica. En el caso de los adultos dicha seriedad, ínsita e implícita, disimulada muchas veces por el barniz de lo intrascendente, refuerza y recapitula el poder de los símbolos, esas metáforas de la unidad subyacente bajo los múltiples rostros de la alteridad que separa a los dioses de los hombres y a los hombres de las cosas.

Vino a mi memoria, al escribir las anteriores palabras, el recuerdo de dos frases que, pese a sus distintas fuentes, la popular y la letrada, se confirman recíprocamente. La una pertenece al escritor francés Paul Valéry: *"el Universo no es otra cosa que un defecto en la pureza del No Ser"*; la otra ha sido acuñada por la sentenciosa cazurrería de los aldeanos mallorquinos: *"Dios hizo las caras y el hombre las caretas"*.

Hijos o entenados del Existir, los hombres de ayer y de hoy jugamos para olvidar el cotidiano freno de la incompletud; para reclamar el mantenimiento de los ritmos cósmicos, propicios a la madurez y recolección de los frutos de la Madre Tierra; para huír de nosotros mismos en busca de cronotopos liberadores y, al cabo, volver a encontrarnos en los corredores de la realidad o en el devaneo de los sueños. La numinosa naturaleza de este reino de simulacros espectrales alusivos a la sociedad que nos modela y a la intimidad que nos acosa es a veces más potente que la lucha por la supervivencia, ese milenario espejo donde se desdoblan y conjugan la miseria y la magnificencia de la humanidad en su paso por el Mundo.

Lo breve de la contribución que va a leerse de inmediato, relacionada con el inagotable tema del juego, me ha impedido profundizar en un aspecto que me interesa desde hace mucho como es el de los arcaicos significados sacrales de actividades al parecer profanas: cuando se juega al actualmente denominado fútbol –un juego de pelota sin más, propio de muchas culturas– los "antiguos" o los "primitivos" evocaban la lucha de las tribus por la propiedad de la esfera solar, dispensadora de la vida de nuestro planeta; cuando se remonta una cometa (o pandorga, voz derivada de pandero) nos remitimos –hoy ya sin saberlo– a la dualidad existente entre el cuerpo que se queda aquí abajo y el alma que, hilo arriba, conversa con los dioses; cuando se asciende, trabajosamente, por el palo enjabonado, se trepa nada menos que por el Árbol del Mundo, rumbo a las estrellas y a las divinidades que, semejantes a plateadas abejas, vuelan en un huerto de flores luminosas; la rayuela, ya se considere como un esquema de los pasos que conducen al Cielo, ya como un remedo de las dificultosas pruebas de la iniciación, nos transporta -más allá de su laberinto dibujado con tiza en las baldosas- al reino de las Madres entrevisto por Goethe que, desde hace milenios, está presente en las teofanías del Asia Menor.

El interés de mi ensayo se orienta hacia otras metas. El tiempo como cambio y libertad, y el espacio, como retranca misoneísta y orden necesario, son producidos y confrontados por los distintos juegos de destreza o de azar: analizar la cara y la cruz del *cronotopo*, (esto es, el contubernio einsteniano del tiempo y el espacio) siquiera en el punto nodal de una encrucijada donde colisionan los conceptos de la lógica con las parábolas de la adivinación -o el profetismo- configura siempre un ejercicio atrayente, un desafío poético por excelencia. Yo lo he intentado y el lector responderá con qué pizca, porción o carencia de acierto. No obstante, como en todo lo humano, al cabo el camino se hace andando, y en dicho camino se cruzan los pasos de los videntes con los de los ciegos, los de los lúcidos con los de los translúcidos, los de los locos, según el dictamen de los cuerdos, con los de los cuerdos, según el dictamen de los locos.

El origen de estas páginas se remonta a muchos años atrás. En el año 1984 el Departamento de Divulgación Cultural de la Universidad Nacional de Colombia organizó un ciclo de conferencias sobre *Mito, rito y juego*, a cargo de los profesores de las distintas Facultades. A mí me tocó representar a la de Ingeniería, donde, desde 1977, dictaba cursos de Posgrado sobre asignaturas concernientes a cuestiones ambientales *(Tecnología y ambiente; Sociedad, economía y ambiente; Calidad del ambiente en Colombia)*. Mi necesaria familiaridad con la Teoría General de Sistemas, que hube de manejar mano a mano con el cálculo diferencial y las matemáticas relacionales, y mi calidad de único representante de dicha Facultad —los historiadores, sociólogos, psicólogos, filósofos y semiólogos eran legión— me obligó a efectuar una sucinta reflexión preliminar sobre los fundamentos estocásticos[1] de la teoría de los juegos, aunque de inmediato, al comprobar el pavor del auditorio, derivé mis reflexiones, asumiendo mi oficio de antropólogo, hacia el más accesible campo de los microambientes lúdicros, creados *en* y *por* el juego mediante la acción de los jugadores propiamente dichos. El auditorio entonces suspiró aliviado.

A partir de ese esquema inicial desarrollé posteriormente una serie de ideas que dieron vida a buena parte de un capítulo —*Praxiología del ambiente*— de mi libro *Filosofía ambiental* publicado en Bogotá (Editorial Nueva América, 1986, 549 pp.), cuya reedición, complementada por nuevos planteamientos y presentada con otro título — *Teoría del ambiente*- está fechada en el año 1997. Ese parágrafo se tituló *Espacio y Tiempo en el juego. Un estudio sobre microambientes*, y abarcó desde la página 241 a la 325 de la primera edición.

Finalmente, resumiendo unas partes y ampliando otras, elaboré las páginas que hoy ofrezco a los lectores. Aunque no son de digestión laboriosa, el rigor académico presente en

---

[1] Estocástico deriva de *stojastés*, que en griego significa el que conjetura, el que adivina.

algunos fragmentos puede aparecer como una trasnochada recaída en el hermetismo. Este, como se sabe, constituye un recurso mental desestimado en nuestro tiempo, dizque posmoderno y aún hipermoderno, en el que los mensajes ya no apelan a la seducción del léxico, amparado ayer por el esplendor de la gramática y la grandilocuencia discursiva, sino a los buenos oficios de la mera información, basada en la parvedad castradora de un lenguaje cada vez más pobre en ideas pero rico en faltas gramaticales, entre las que se destacan las ortográficas.

No habrá dificultades, pues, salvo la consulta, de cuando en cuando, en el caso de alguna voz inusual, al cada vez menos manejado diccionario de filosofía. Digo más; a poco que se recurra a la abundante bibliografía y a las notas explicativas que acompañan el texto, complementando dicha operación con una lectura meditada y con la presencia vigilante de una actitud reflexiva, se advertirá que detrás de las nubes de la dificultad habita, siempre generosa, la clara luz, aunque no platónica, de la *verständnis,* o sea la comprensión, tan grata a la filosofía alemana.

Una vez instalado en el texto, el lector lo podrá transitar sin sobresaltos como un tranquilo y diestro patinador, al margen de la mayor o menor capacidad comunicativa de mi intelecto, merced al don gratificante de tales esencias, las cuales, sin revelar su ultimidad, se avienen al trajinar cotidiano no bien se las interroga en estado de gracia espiritual. Esto es, desde el mismo corazón del juego, actividad humana, humanizante y humanística por excelencia.

Dicho lo anterior, y hechas las apuestas a la quizá servicial oportunidad de los planteamientos, que libro a la consideración pública, solo cabe ahora recordar la frase clásica del *croupier* de avizores ojos e incansables manos al iniciar la ruleta su giro alucinante. Tal grito se expande en la atmósfera psíquica de medio hemisferio del juego, el de la expectativa del jugador compulsivo descripto por Dostoievski, ese sudoroso y tembloroso desafiante de la Fortuna, poseído por lo que ordenan el signo y el sino de los objetos lúdicros. Estemos, pues, atentos al cierre de la última puerta de la expectativa y a lo que pronuncia con voz clara y terminante el alquimista del azar: "*Messieurs et dames: les jeux sont faits*".

I. Entre el sistema y la poiesis

Estas meditaciones sobre el juego y sus ambientes significativos, en las cuales destaco y analizo los valores simbólicos de las categorías espaciotemporales, se desarrollarán a partir de un obligatorio deslinde previo.

En primer lugar aclaro que pondré el acento en el juego y no en el espacio y el tiempo donde este transcurre, asunto por demás seductor. Por lo tanto, voy a referirme sólo lateralmente a estas entidades, cuyo refinamiento creciente asciende desde las nociones a nivel popular y/o tradicional hasta los conceptos científicos y las categorías filosóficas.[2]

En segundo lugar, y ya en un campo más próximo al del tema, no voy a tener en cuenta los fundamentos estocásticos de la teoría de los juegos, avizorada por el cálculo de probabilidades de Pascal y sistematizada recién en nuestros

---

[2] La bibliografía sobre la evolución de los conceptos de espacio y de tiempo es muy copiosa. En notas posteriores citaré algunos de los estudios más conocidos en la órbita de las culturas del mundo capitalista. En el otro platillo de la balanza, entre los diversos títulos de una producción contestataria y relativista –no me refiero aquí a la relatividad einsteniana sino a la construcción de los conceptos científicos y las categorías filosóficas que otrora se desarrollaron en el área de los ex–países socialistas– resulta conveniente consultar los siguientes libros traducidos del ruso: V.I. Sviderski, *Espacio y tiempo, Ensayo filosófico*. América Nueva, Montevideo, 1960; A.M. y M.V.Mostepanenko, *Tetradimensionalidad de espacio y tiempo*. Pueblos Unidos, Montevideo, 1968; I.F. Asfin, *El problema del tiempo. Su interpretación filosófica*. Pueblos Unidos, Montevideo, 1968; S.T. Meliujin, *El problema de lo finito y el infinito*. Grijalbo, México, 1975.

10

días por von Neumann y Morgenstern.[3] Una incursión al campo reclamado por los especialistas no favorecería en nada un discurso accesible, cuyos círculos concéntricos deben llegar hasta los legos interesados en este atractivo tema.

En tercer lugar, pisando ya los específicos umbrales del análisis, declaro que trataré de modo tangencial los cuatro grandes aspectos de la teoría del juego, a saber:

a) La ubicación del juego en el universo de la cultura;

b) El origen y evolución del juego humano, y digo así porque es más que dudosa la existencia del juego en el animal, dadas las características de la

---

[3] Blaise Pascal (1623-1662) perfeccionó el cálculo de probabilidades, hasta entonces practicado sin gran rigor, para ayudar a un empedernido jugador de dados y mal matemático, el libertino francés Antoine Goumbard, Caballero de Meré, quien se estaba arruinando por haber calculado incorrectamente las probabilidades de sacar un doble seis en un número determinado de jugadas. Las ecuaciones de Pascal mejoraron considerablemente los anteriores trabajos de Galileo, Kepler y Cardano en el campo del cálculo de probabilidades preparando así el camino para la dobla vía posterior del mismo. En efecto, una vía condujo al cálculo de probabilidades para los juegos de azar y la otra vía a la teoría de los juegos, propia de los juegos de estrategia. Para más detalles ver P.Humbert, *L'oeuvre scientifique de Pascal*, A.Michel, París. J.von Neumann y O.Morgestern, *Theory of Games and Economic Behaviour*, Princeton University Press, Princeton, N.Y., 1947, propusieron un tratamiento lógico de los juegos con el propósito de formalizar una estrategia económica. Más tarde otros autores investigaron matemáticamente los juegos de estrategia, ya en el caso de los de información completa (ajedrez), ya en el de los de información incompleta (póker). El dominio de los juegos de información incompleta se extendió, en el caso de las decisiones, al dominio bélico y aun al psíquico. De tal modo se han dado las condiciones para sistematizar una ciencia de los conflictos. Una visión de crítica de la teoría de los juegos puede encontrarse en el libro de A. Rapoport, *Fights, Games and Debates*, University of Michigan Press, Ann Arbor, 1960.

mentalidad de nuestra especie, reconocidas por Condillac y Schiller[4];

c) Las distintas clasificaciones propuestas, ya para el juego entre los niños, ya para el juego entre los adultos;

d) Las explicaciones y las aplicaciones del juego en tanto que ser y en tanto que consistir (la dialéctica entre el *eidos* y la *paideia*).

Aclarado lo anterior trataré, ahora sí, de referirme al tema en cuestión, tan apasionante en lo que atañe a su resonancia metafórica como elusivo en lo que tiene que ver con los reiterados tratamientos que se han sucedido, generación tras generación de pensadores, para captar su ser y su quehacer en las diferentes culturas históricas.

En consecuencia, me ocuparé muy sumariamente de los distintos tiempos y espacios privilegiados *en* y *por* los distintos juegos, los cuales desembocan en el estuario mayor del juego *tout court*, una actividad exclusivamente cultural. Y tanto lo es que nos permite replantear los grandes temas de la conducta individual y social de los humanos, sea en el ámbito creativo, sea en el ámbito repetitivo. En efecto, el juego se desenvuelve en la grieta abierta por la libertad en el muro de la necesidad. En su primer aspecto, el prospectivo, el

---

[4] R.B. de Condillac sostenía, al negar los juegos de los animales, un criterio que comparto totalmente: «los primeros momentos del animal se dedican al estudio; cuando lo creemos ocupado en jugar en verdad es la Naturaleza quien juega con él, para instruirlo». Citado por J. Larguier des Bancels en el cap. VI, 2°. De G. Dumas (ed.), Nouveau Traité de Psychologie, Alcan, París, 1932. Por su parte F.Schiller en las Cartas sobre la Educación Estética del Hombre, 1795, expresa: «¿Cuál es el fenómeno mediante el cual se anuncia en el salvaje la iniciación de la humanidad? Por lejos que llevemos nuestras miradas en la historia, ese fenómeno siempre semejante en todos los pueblos que se han emancipado de la servidumbre del estado bestial: el gusto por las apariencias, la inclinación al adorno y al juego». Ver nota (6).

prometeico, el juego es creación, es espontaneidad, es invención de mundos inéditos, es el agua fluyente del devenir. Inventar gratuitamente, sin tener en cuenta lo utilitario, supone un lujo del espíritu que de este modo rompe con el pragmatismo rutinario de la vida y da vía expedita a un aliento utópico, que al cabo se convierte en una ruptura de la temporalidad previsible, en una invitación al cambio.

En su segundo aspecto, el estructurado, el que "viene después de los hechos" o sea el epimeteico, el juego es el camino por donde transitan –desde el pasado hacia todos los posibles futuros– las formalidades de lo ritual, las funciones de lo ceremonial, la permanencia de lo mítico, la pulsación de lo sagrado. De tal modo esta faz fosilizada y fosilizadora del juego atañe al lado arcaizante de las culturas y a los aspectos conservadores de la educación. El proceso repetitivo de viejas pautas y complejos culturales, opuesto a cualquier transformación o variación, las que implican el ingreso de lo demoníaco y maldito representado por el cambio, es, o supone ser, una garantía de aquella anti heroica actitud de seguridad expresada en todos los refraneros: morir a la sombra del árbol donde se nació y jugaron los hijos; enraizar la vida donde se levantó la casa y se alternaron el duelo y la fiesta familiares. La repetición de las antiguas palabras y los antiguos ademanes preservan del caos y perpetúan el orden, a los efectos de salvar y transmitir la identidad del hombre, ya como fragmento cosificado del cosmos, ya como sujeto individualizado y personificado que vive en sociedad.[5]

---

[5] Según R.Mondolfo, *En los orígenes de la filosofía de la cultura*, Hachette, Buenos Aires, 1960, es la meditación sobre las relaciones entre los hombres la que se proyecta al cosmos, y no a la viceversa. Al analizar los orígenes de la filosofía griega Mondolfo apela a los planteamientos de Feuerbach, Marx, Cattaneo y Jaeger para afirmar que *«el mundo humano que se nos ofrece a la experiencia de la vida social constituye un objeto de conocimiento aun más inmediato y directo que el mundo natural; y que,*

Todo lo anteriormente expresado indica que en mi hipótesis de trabajo asumiré sin reparos el conocido dicho de Schiller: *"sólo juega el hombre cuando es hombre en todo el sentido de la palabra, y es plenamente hombre sólo cuando juega"* [6]

El juego considerado como un mero pasatiempo intrascendente por algunos pensadores, que no ven en él más que una actividad gratuita y suntuaria encasillada en el ocio, aparecerá entonces como una instancia técnica y simbólica cargada de sentido en el aquí y ahora. En alguna de sus modalidades será también el eco etnológico de antiquísimos artefactos cultuales, de comportamientos colectivos originados en olvidados ritos de las concepciones templarias, orientadas en el espacio, ordenando así su tetrapartición, y las repetitivas o circulares del tiempo que, como participante del cronotopo, no puede prescindir de la dimensión espacial. Dichas características emergen con singular claridad a la luz de los estudios de Eliade, Kerenyi, Jansen, Mauss y Leroi - Gourhan, amén de las ya envejecidas, pero siempre atrayentes investigaciones de Frazer.[7]

---

además, la comprensión de este último, su concepción como cosmos, se forma y se amolda justamente sobre la comprensión y concepción anteriores del mundo de los hombres; es decir, que las relaciones entre los hombres, enseñadas por las experiencias y las exigencias de la vida, constituyen el primer tipo, sobre cuyo ejemplo se conciben las relaciones entre los seres y fenómenos de la naturaleza». La filosofía de la naturaleza, pues, surge en Grecia al proyectarse la *polis* en el cosmos. Esta tesis ha sido muy convincentemente desarrollada por J.P. Vernant, *Les orígenes de la penseé grecque*, Presses Universitaires de France, París, 1962. Una vez establecida la ley urbana, ésta se extrapola a la comunidad de los astros y las cosas, transfiriendo al universo la racionalidad social y la legalidad pactada por los hombres.

[6] F. Schiller, *Briefe über dis aesthetische Ertiehung des Menschen* (1795). Aubier, Editions Montaigne, París, 1943.

[7] Como el lector informado podrá comprobar, cito sólo unos pocos autores –casi todos traducidos a nuestro idioma- de los muchos que se han

La dualidad entre lo sagrado y lo profano, que en el juego es coexistencia enmascarada, y que el propio juego descubre al alternar la actividad obligatoria del trabajo productivo con la actividad liberadora de la escapatoria individual a la norma social convertida en "pasatiempo", brota casi espectacularmente cuando se profundiza en el análisis dialéctico de las actividades lúdicras (y no lúdicas, como comúnmente decimos sin reparar en el galicismo subyacente).[8]

Pero hay más. Los espacios y los tiempos lúdicros, por el hecho de ser vividos y actuados, son secuelas de la interacción social: constituyen, como expresa Lefèvre, *"producciones humanas"*.[9] El tiempo y el espacio son creados, producidos en los distintos juegos: no se trata de "seres absolutos" sino de "seres relativos" que se generan merced a las relaciones

---

ocupado de los orígenes y evolución del rito, del mito y de las ceremoniales en las comunidades ágrafas. Indico a continuación sus publicaciones más importantes: M. Eliade, Traité d´histoire des religions, Payot, Paris, 1949; Id., Le mythe de l´éternel retour Archetypes et repetitions, Gallimard, Paris, 1949; Id., Images et symbols. Essai sur le symbolism magico-religieux, Gallimard, Paris, 1953; Id., Mythes, Réves et Mysthères, Gallimard, Paris, 1957; Id., The Quest, The University of Chicago Press, 1969; K. Kerenyi, Die antike Religion, E. Diederichs Verlag, Düsseldorf-Koln, 1952; Ad. E. Jensen, Mythos und Kult bei Naaturvölkern, F. Steinner Verlag Wiesbaden, 1960; M. Mauss, Oeuvres, tomos 1º y 2º., Les Editions de Minuit, Paris, 1970. Esta edición recoge numerosos artículos dispersos en publicaciones científicas pues Mauss, que comenzó a publicar en 1899, nunca escribió un libro; A. Leroi-Gourhan, Le geste et la parole, t.1º, Technique et langage; t.2º La memoire et les ryhmes. A. Michel, Paris, 1964-1965; J.G. Frazer, The Golden Bough. A Study in Magic and Religion, editio minor, London, 1890; editio magna, 12 vol., London, 1907-1914; 3a. edición revisada y ampliada, 13 vol., St. Martins, New York, 1955. La edición inglesa resumida, Macmillan, New York-London, 1922, fue publicada en español por el Fondo de Cultura Económica, México, 1944 (varias reediciones).

[8] En efecto, en francés se dice *ludique*, voz que deriva del latín *ludus*, juego. En nuestro idioma, para ser correctos y no perseverar en un tozudo galicismo, debemos escribir lúdicro, que viene del latín *ludicrus, ludicer*, o sea entretenido, divertido.

[9] H. Lefèvre, *La production de l´espace*, Anthropos, Paris, 1974.

posicionales y secuenciales entabladas entre los hombres merced a los dispositivos físicos, a las interacciones psíquicas y a las reglas expresas o implícitas del mundo lúdicro; pertenecen, en definitiva, a lo que del tiempo y el espacio pensaba Leibniz en contraposición a Descartes.[10] Dichos espacios y tiempos surgidos de las relaciones humanas con la lógica interna de los juegos en y por un ambiente específico convertido en un microambiente en la mesa de póquer o en el trazado mágico de la rayuela, poseen calidades anímicas y culturales que se revelan polarmente en el jugador como sujeto, y en el juguete, instrumento o acción lúdicra como objeto, inescindible y dialécticamente ligados por la sintaxis del jugar cuya raíz es voluntaria y cuya finalidad apunta al hacerse nunca finalizado de la libertad. [11]

---

[10] Estos conceptos antropologizantes, que animan y personalizan al espacio y al tiempo, pertenecen a un renombrado libro de E. von Biema, *L'espace et le temps chez Leibniz et Kant*, Felix Alcan, Paris, 1908. La frase, de la cual extracté esta tan especial calificación dice así: *"Para Newton, así como para Descartes, el espacio y el tiempo constituyen algo en sí mismos [...] Son, hablando en términos contemporáneos, seres absolutos. Para Leibniz, contrariamente, son seres relativos, cuya existencia está subordinada a la de otros seres creados, puesto que no consisten en otra cosa que las relaciones existentes entre dichos seres creados"* En efecto, *spatium est ordo coexistendi*, afirmaba Leibniz en su carta de 1715 a Samuel Clarke. La idea completa expresada en dicha carta, una de las cinco enviadas entre 1715 y 1716 a aquel apasionado defensor de Newton y "su" espacio en tanto que continente abstracto, es la siguiente: *"[...] en cuanto a lo que a mí respecta, he señalado más de una vez que considero al espacio como algo puramente relativo, del mismo modo que es también relativo el tiempo. El espacio es un orden de coexistencias así como el tiempo es un orden de sucesiones"*.

[11] Acerca de las relaciones entre juego y libertad, un ensayista suizo expresa los siguientes conceptos: «Ser libre significa hacerse libre. La libertad se comprende como el vencimiento de aquello que se le opone, y constituye una promesa. Si la libertad ha surgido de la lucha contra la presión de la coacción natural, resulta que no puede existir sin un determinado orden. Ya desde su origen la libertad se ve encerrada en el límite representado por el orden, y solamente dentro de ese límite puede

Existe así un Juego con mayúscula, que es un universal de la Cultura, planetariamente considerada, y una serie de juegos que adquieren su pleno significado en las culturas particulares. Un trebejo lúdicro, con ser físicamente idéntico entre los antiguos moches de la costa peruana y nuestros niños uruguayos que hasta hace dos o tres decenios jugaban a la payana o *payanca*, tiene muy distintas ubicaciones en el mapa simbólico de aquella sociedad prehistórica de pescadores-agricultores y en el de una sociedad de formación aluvional –predominantemente europea– con esa escasa raigambre indígena.

Ser y devenir; estructura y proceso; plan y azar; conservación y cambio; espacio uniformizado y uniformizador del poder, y tiempo no programado, innovador, rebelde, si no revolucionario, de la persona humana: éstas y otras tensiones se manifiestan dramáticamente en la esencia del juego que también es un drama, o sea un hacer, un obrar, como surge de la etimología de este término.

Dicho vaivén se hace visible ya en la sujeción impuesta por las reglas, trasuntos del espacio sagrado, ya en la creatividad espontánea del jugador, donación del tiempo

---

existir. «La libertad y la ley práctica incondicionada se hallan en relación recíproca» dice Kant en 1788. Esta oposición dialéctica entre libertad y orden señala la necesidad de una lucha que permita a la libertad únicamente hacerse, pero nunca ser. Vemos como el principio del orden se convierte de manera imprevista en antagonista de la libertad en el mismo instante en que el orden pierde su unidad polar con la libertad, y en que ésta pierde la suya con el orden. En esta descomposición se pierde la libertad, se destruye a sí misma por la deformación de una dinámica desintegradora, o pierde su patria en un orden que exige una continuidad rígida». G. Bally, Vom Ursprung und den Grezen der Freiheit, B.Schabe, Basel, 1945 (Fondo de Cultura Económica, México, 1958, editó la traducción española de este libro).

profano. Ambos extremos configuran el *joc partit* [12] que enfrenta el *game* con el *play*, esto es, el orden de la norma con la aventura repentista de la inspiración.

Por el juego se accede al sistema y al código; por el juego se infunde entropía al sistema y se decodifica el código. Ello acontece a partir de prácticas obvias a fuer de experimentadas cotidianamente –quien es, en tanto hombre juega sin cesar– como lo sugiere Winnicott al referirse a los fenómenos y objetos "transicionales" del niño[13], o como lo demuestran la seducción del azar en el adulto y la ensoñación rememorativa en el anciano. De tal modo, a partir de prácticas obvias a fuer de habituales, resultará posible descubrir las resonancias de una plática, que al final resulta ontológica, entre la parte (la persona, según lo que ella significa en latín)[14] y el Todo (lo cósmico, lo social, lo cultural, la Tradición en suma).

Así considerado, el juego se convierte en una ventana -si no la única una de las más significativas-, por donde se puede

---

[12] El *joc partit* era una de las modalidades de *l'art de trovar* (esto es, de encontrar, de inventar, de descubrir) propio de la cultura cortesana provenzal, donde se utilizaba la *langue d'Oc*, durante la Edad Media. Se trataba de un canto alterno, de un «contrapunto», donde cada contenedor demostraba sus conocimientos, su gracejo, su dominio de las artes trovadorescas (el repentinismo creador, opuesto a la repetición de las artes juglarescas).

[13] D.W. Winnicott, *Playing and Reality*. Travistock Publications, London, 1971. Este psicoanalista británico denomina objetos transicionales, reificándolos, a los fenómenos de tal tipo que comprueban la ocurrencia de una tercer área, de tipo semiótico, entre el niño y la madre, entre el yo y el no-yo, entre la ausencia y la presencia. Dicho intervalo entre la intimidad y la alteridad, entre el adentro y el afuera configura el espacio potencial del juego.

[14] *Persona*, en latín alude a la máscara usada por el actor para interpretar un papel teatral. Viene de *per*, a través, y *sonare*, resonar. La persona, como tal, en tanto que el anverso del in-dividuo, en tanto que portadora de valores, actúa en el escenario social desempeñando diversos papeles, cuyo estudio fue emprendido por la "teoría de los *roles*" desarrollada por los Parsons, Merton y otros sociólogos estadounidenses contemporáneos.

escuchar el canto alterno entre el macrocosmos de la Realidad y el microcosmos humano que promueve la sinopsis de aquella, aunque no su inventario, aceptándola mediante las prótesis de la adaptación y cuestionándola mediante la erística[15] de los símbolos.

Si convenimos con el primer Wittgenstein[16] que el mundo es la totalidad de los hechos y que las proposiciones son las pinturas de esos hechos, yo trataré de enunciar a lo largo de estas notas una serie concatenada, y en lo posible congruente, de preposiciones pictóricamente concordantes con los hechos del mundo lúdicro. Al proceder de este modo procuraré que el decir se avenga con el mostrar. Esto supone que al referirme al juego y sus dimensiones espaciotemporales, o al espacio y al tiempo *sub specie ludi*, trataré de promover un diálogo fenomenológico entre su noema expresivo, y su objetualidad, en la cual, por eludir o embozar la objetividad, se reaviva el choque entre el realismo y el nominalismo al refractarse aquella en el prisma de los hábitos del diario vivir.

Al orientar en tal dirección mi esfuerzo, será posible entonces intentar una aproximación a una antropología, o quizá sea mejor decir a una antropofanía, de la libertad, que de este modo se revela y "muestra" mediante la acción del hombre.

El juego nos enfrenta al antiquísimo contrapunto entre la aventura y el orden. Toda sociedad, para funcionar, debe ser planificada; todo reglamento, para merecer el nombre de tal, debe ser estricto; todo rito, para funcionalizarse, debe apelar a una rígida técnica reiterativa. Las revoluciones políticas, las transformaciones catastróficas de la sociedad y los escándalos del pensamiento han desbordado una y otra vez esos cauces –

---

[15] La erística era el arte de disputa entre los griegos.

[16] L. Wittgenstein, *Tractatus Logico Philosophicus*, Routledge & Kegan, London, 1922; reimpresión corregida, 1933. (Existen varias traducciones al español).

así lo demuestra el vaivén documentado con más o menor fidelidad por la historia– para retornar, si no a los mismos, como predicaba Nietzche, a otros cauces, pero cauces al fin. El juego-aventura, ayuno de todo tipo de responsabilidad, liviano como una burbuja de la fantasía, asume, sin eidética y sin ética manifiestas, la tarea de introducir la libertad en la necesidad, el tiempo en el espacio, la irreverencia en la seriedad del ritual. Se convierte así en la implícita réplica espectral de esta especie de seres retóricos, retrospectivos y prospectores a la vez, cual somos los seres humanos, para renovar y podar, alternativamente, el árbol de la cultura.

Jugar es saber que se va a morir pero también es escamoteo de la muerte. La vida del juego, con todo lo que conlleva de fugacidad e ilusión, resulta tan o más fuerte que el curso de la vida misma, puesto que la purga de las lástimas del presente y de los funerales del pasado. Dicho de otro modo, el juego es la columna aérea donde la vida se apoya y avizora, sin revelar su visión, de lo que los filósofos han llamado lo trascendente, los poetas lo inefable y los teólogos lo sagrado. Empero, el juego –y aquí radica su paradoja– no deja de ser un solipsismo, una tautología, un cometa que se alimenta de sí mismo, devorando su cauda de luz. De tal modo encarna, al margen de todo dis-curso, al hombre y a lo humano, a los artefactos y mentefactos de la civilización. El juego no tiene por qué dar explicaciones lógicas, o remitirse a alegorías pedagógicas. La naturaleza dialéctica de su menester brota, sin el re-curso del método ni el con-curso de la teoría, como la linfa de un meta-conocimiento que ya no es más folklore ni pretende ser ciencia pues ha renunciado tanto al rescate del pretérito como a la prefiguración comtiana del porvenir, ("*saber para prever y prever para actuar*") con que el positivismo atronó al siglo XIX. Se trata, en definitiva, de una tácita sabiduría sin episteme ni epistemomanía –esta lacra contemporánea que paraliza el vuelo del pensamiento–, de una pasión sin ardor, de una voluntad sin poderío.

Y de tal modo, sin proponérselo, el juego apunta a la mediatez de los símbolos utilizando la vía llana de lo inmediato. Como un Jano bifronte mira con un rostro el paso fugaz de las horas del tiempo cronometrado mientras el otro rostro, recubierto por el antifaz de lo Absoluto, contempla hacia adentro la duración relativa del tiempo vivido.

Eternidad en la contingencia y libertad en perpetua construcción, el juego expresa, con más hondura y mayor delicadeza que un tratado académico o una meditación fundamental, la esencia de lo humano.

II. Qué es y qué no es el juego

Antes de preguntarnos por las múltiples relaciones ambientales existentes entre el tiempo, el espacio y el juego, es preciso que de antemano nos pongamos de acuerdo, y muy brevemente, acerca de lo que es y lo que no es el juego en sí. Dicho deslinde apremia pues de continuo metemos en un mismo paquete a muchas actividades colindantes, derivadas o confluyentes. En consecuencia, por inercia mental, por desprolijidad taxonómica, o por no ajetrearnos con un molesto análisis lógico y etimológico, seguimos llamando juego a la poesía, a la danza, al teatro, al rito religioso, al atletismo olímpico de los griegos, al torneo cortés, a la instancia judicial, a la erística de los sofistas, a la fiesta de los pueblos prealafabetos y de las comunidades aldeanas, al fútbol profesional, a la ensoñación, a la convivialidad y hasta al vive-como-quieras. Así por lo menos resulta de la ensalada que nos ofrecen autores tan respetables como Duvignaud y Huizinga. Duvignaud, si no descortés por lo menos distraído lector de Bachelard[17], antes de apostar por el juego-evasión, que de pronto no es un jugar sino un no querer jugar, una haraganería del espíritu del espíritu, recuerda que, cuando niño, hurgando voluptuosamente en los nichos mentales de sus fantasías, *"envidiaba a quienes se deslizaban como patinadores sobre la superficie helada de la vida"*[18]. Por ello, luego de rechazar las exigencias intelectuales de una economía de mercado, que deja poco lugar para *"el terreno baldío de la ensoñación"*, da

---

[17] G. Bachelard, *La poétique de la rêverie*. Presses Universitaires de France, Paris, 1960.

[18] J. Duvignaud, *Le jeu du jeu*, Balland, Paris. 1980.

alas a un discurso, muy persuasivo por cierto, pero que poco tiene que ver con el juego propiamente dicho y mucho con los estados de ánimo precios que conducen a los devaneos del Yo rodeado, como un gusano de seda, por los capullos de sus transacciones fugaces y versátiles con el ambiente. En las preguntas que formula Duvignaud se alberga, quiérase o no, una doctrina del anti-juego que él, paradójicamente, procura convertir en un nuevo manifiesto lúdicro: *"¿Será que junto con las decisiones o las determinaciones positivistas que garantizan la reproducción de las sociedades existe una especie de experiencia errante –«histérica» para quienes respetan los «códigos establecidos»– pero capaz de trastornar la condición de los hombres? ¿No podría llamarse imaginario a ese juego que dispone libremente del espacio, del tiempo y de las formas, de la materia y de los dioses? ¿A esa perpetua insumisión contra el adormecimiento de los hombres y el mundo, que encuentra su analogía correspondiente en la divagación individual?"*[19]

Duvignaud nos invita en nombre del juego, o mejor, de su concepto del juego –que en definitiva resulta algo así como el revés de la trama– a evadirnos de las estructuras de lo establecido mediante los hongos alucinógenos de lo imaginario. Pero al desamparar la otra mitad del juego, unida a esta como los andróginos del mito platónico, lo convierte en un ente asimétrico y errabundo: sin regla, siquiera subjetiva y momentánea, no hay juego posible. Para decirlo con otras palabras, y apelando a una imagen que se compadezca con el pensamiento metafórico: en el torrente creador de la *paidia* navega siempre una nave guiada por el escondido timonel del *ludus*.

Huizinga, en cambio, teme dejar fuera del juego todo territorio que limite con el mismo o toda actividad que exteriormente se le asemeje. De tal modo se convierte en el

---

[19] Id. Ibid.

sumo sacerdote de la confusión cuando con el hilo del juego, es decir, de lo que él piensa que es juego, cose una colcha de retazos, un *collage* abigarrado que deslumbra al lector ingenuo pero que fastidia al pensamiento del lógico o al inventario del antropólogo. En efecto, entre otras actividades Huizinga incluye en la categoría de juego la exuberancia cinética del animal joven, la pasión del lanzador de dados, la agilidad del atleta que compite en el estadio, el buceo mental del ajedrecista, la jocunda creatividad del niño y el furor báquico del campesino que baila alrededor del fuego en la noche de San Juan.[20]

Si queremos encontrar un camino transitable en medio de tanta confusión, es preciso investigar cuál es el concepto de juego vigente en nuestras sociedades industrializadas y consumistas, seamos habitantes del "centro" que fabrica la historia, o de la "periferia", que la padece, puesto que en ellas vivimos y en ellas nos informan ¿o desinforman? los *mass media*, y nos alienan los mismos miedos y nos ideologizan los mismos *idola* baconianos, hoy más pujantes que nunca. Para que el análisis sea fructuoso, empero, debemos, previamente, ponernos a salvo de dos errores etnocéntricos.

Error número uno. Desmesurando el alcance de nuestras escalas de valores solemos extrapolar juegos actuales hacia prácticas del pasado relacionadas con el culto, o sea cultuales, a las que contemplamos con ojos profanos, confundiendo el fenómeno con la esencia.

Los niños de Latinoamérica, por ejemplo, juegan con cinco piedrecitas al pasote, la *chinapa* o la payana, según las denominaciones regionales, lanzándolas al aire y recogiéndolas a lo largo de una serie de operaciones

---

[20] J. Huizinga, *Homo ludens, El juego como elemento de la historia*, Editorial Azar, Lisboa, 1943. La edición holandesa se publicó en 1938.

24

progresivamente complicadas que requieren excelente vista y gran habilidad manual.

Pallani, en quechua, significa "recoger lo caído"; la payana conserva el *designatum* lingüístico pero ha sido vaciada en su *denotatum* mágico-religioso. En efecto, en un remoto pasado precolombino –que se remonta de 800 a 400 años a J.C.–, existía entre las moches de la costa peruana una manipulación con pallares (porotos, fríjoles, caraotas, judías, según sus múltiples denominaciones) cuyo propósito no era lúdicro sino ceremonial. Así y no de otro modo deben interpretarse las representaciones existentes en la cerámica de aquellos pescadores y agricultores hidráulicos llamados por los historiadores del arte "los griegos del Nuevo Mundo" al comparar, sin desmedro, sus creaciones plásticas con las figulinas de Tanagra.

Los incas seguían practicando, muchos siglos después, los mismos ritos, y no juegos, en ocasión de los funerales con que honraban a los difuntos. La supervivencia folklórica [21] de

---

[21] El folklore o saber tradicional del *populus minuto* (ya que no del pueblo, que entraña una concepción política y no social) se ubica en el estrato cultural intermedio entre el nivel primitivo-arcaico (prehistoria, actuales comunidades prealfabetas desvinculadas de la pareja campo-ciudad y por lo tanto "salvajes") y el nivel civilizado-urbano (cultura alfabeta, Universidad, Academia). El anonimato que caracteriza a los productos folklóricos proviene de dos mecanismos. Uno de ellos es la pervivencia de costumbres pertenecientes a culturas de remota antigüedad, como el caso de las máscaras de origen neolítico europeo que se utilizan en las diabladas de México, Bolivia, Chile. El otro consiste en el desuso, abandono o marginalización de productos que en un tiempo tuvieron vigencia en el nivel civilizado-urbano y hoy se les encuentra en el tradicional-rural, como sucede con los trajes típicos de las lagarteranas que siglos atrás eran vestidos cortesanos en la ciudad de Toledo. Un estudioso argentino ha definido así el folklore: *"es el cúmulo de fenómenos que cumple un lento proceso de asimilación en ciertos sectores humanos que llamamos pueblo, deslindables dentro de la sociedad civilizada contemporánea; constituyen un complejo cultural que tiene su mani-*

aquella vieja práctica conserva su denominación en el Río de la Plata. Pero nuestra payana o payanca no desciende directamente, en cuanto que práctica, de las tradiciones incaicas sino que vino desde España. Los españoles, pertenecientes a un pueblo del área mediterránea, recibieron de los griegos, ya directamente, ya por intermedio de los romanos, el juego de la *pentalitha* (cinco piedras), al cual denominaron cantillo o juego de chinas. Los niños rioplatenses juegan a la payana por el gusto de ensayar sus habilidades y no por redimir a los antepasados y parientes muertos, elevando sus almas al compás de la ascensión de las piedrecitas, tal como lo hacían los antiguos peruanos. La virtuosa estructura del ademán persiste pero la función primigenia se ha perdido. Queda, pues, el gesto desposeído de la sustancia ritual, configurado por un diálogo diestro entre las manos y las piedras, hecho que ilustra acerca del perpetuo coloquio entre el jugador y sus juguetes.

Error número dos. La extrapolación del etnocentrismo, que tiene carácter sincrónico, reitera en el espacio planetario la extrapolación histórica, diacrónica, impuesta por la lectura

---

festación en todos los aspectos de la vida popular; se adquiere y difunde por el vehículo de la experiencia, traslucida en la palabra y el ejemplo; se colectiviza y logra vigencia merced a su condición funcional de satisfacer necesidades biológicas y espirituales; adquiere la plenitud de su sentido (sea remota supervivencia o trasculturación reciente), cuando perdura, tradicionalizándose a través de generaciones y esfumando su origen tras el anonimato de su creadores; por fin, como resultado del proceso, que se cumple con sosegado ritmo secular, aparece típicamente localizado por el inevitable influjo de la naturaleza inmediata, que sustenta y circunscribe la vida del conjunto. Esquematizando diríamos que los fenómenos que han cumplido su proceso de folklorización resultan ser populares, empíricos, de transmisión oral, funcionales, tradicionales, anónimos, socialmente vigentes y geográficamente localizados." A.R. Cortázar, *Qué es el folklore*, Lajouane, Buenos Aires. 1954.

presentista de los hechos del pasado.[22] De tal modo suponemos que nuestros "contemporáneos primitivos" –que no son contemporáneos sino coetáneos y que no son primitivos sino arcaizantes– están jugando cuando en realidad están haciendo otras cosas. Tal es lo que sucede cuando las culturas occidentales interpretan con sus pautas específicas el juego de la pelota y de las fiestas de los uitoto.[23] Digo de paso que éste, el de los uitoto, es un socorrido ejemplo que los etnólogos de gabinete se copian los unos a otros a falta de la experiencia de campo de los etnógrafos o del simple antropólogo local. Esta experiencia debe ser perfeccionada en nuestro medio. Debemos recurrir al *topos* de la cercanía en vez de apelar al romanticismo de lo remoto, esa enfermedad infantil de las ciencias del hombre que ya ha sido extirpada. La feria dominical de Tristán Narvaja o los rituales florísticos en los cementerios montevideanos el 2 de noviembre son

---

[22] Acerca de una de las más representativas concepciones «recentistas» de la historia ver B. Croce, *Teoría e historia de la historiografía*, Imán, Buenos Aires, 1953 y *La historia como hazaña de la libertad*, F.C.E., México, 1942. Una visión general del «presentismo» la ofrece A. Schaff, *Geschichte und Wahrheit*, Europa Verlag, Wien, 1969.

[23] En el juego de la pelota de los uitoto (América del Sur), por ejemplo, el relato figura en el centro de los actos festivos y colma las noches del largo período de fiesta, durante el cual se juega de día a la pelota. *"O sea, pues, que no danzamos solamente"* dicen los uitoto, «*pese a que vosotros digáis: no hacen otra cosa que danzar; sino en nuestras fiestas también contamos historias*». Se formulan preguntas que contestan mediante el relato de algún mito, y sólo después se baila y se juega a la pelota, porque *"la historia pone de manifiesto que no bailamos sin motivo"*. Así, por ejemplo, un grupo ed los participantes ofrenda al Señor de la Fiesta frutos rojos de vacuri. Y el Señor de la Fiesta –tal es su función pues es *"muy sabio"*– *"tiene los ojos puestos fijamente en los frutos, explicando la razón y el sentido del canto y da cuenta del origen del árbol vacuri* [...] *"Después se danza hasta el amanecer. Y de tal modo el Señor de la fiesta cuenta *"sin cansarse"* la historia del origen de muchos frutos, del juego de la pelota y también del origen de los hombres. Ad. E. Jensen, *Mythos und Kult bei Naturvölkern*. F. Steiner Verlag, Wiesbaden, 1960.

laboratorios culturales de primer orden que nos dispensan del viaje a la selva amazónica o a las islas de Oceanía.

La noción y la práctica burguesa del juego[24], maduradas a partir del siglo XVII europeo, difieren de las prácticas mágicas y tradicionales que nosotros denominamos juegos cuando - lo visible oculta lo invisible- nos atenemos a los datos de su inmediata manifestación fenoménica.

Para evitar graves tergiversaciones lo más prudente, pues, sería limitarnos, como antes se indicara, a lo que nuestra civilización desacralizada, industrializada y dotada de facultades mitopoiéticas peculiares –el mito no muere, cambia de ropa solamente– entiende por juego y practica como juego. A veces los antropólogos nos sentimos asaltados por el temblor y por el temor de estar violando la intimidad simbólica de culturas distintas a la nuestra pues, ayunos del directo entorno ambiental y carentes de los soportes de la lengua, del estilo de vida y de la concepción del mundo de "los otros" –salvajes, prealfabetos, aldeanos, colonizados,

---

[24] "El juego, como concepción filosófica es un concepto burgués. Aparece en el umbral de la hegemonía de la burguesía y formula aquí, en vano, mirando a la totalidad de la existencia humana, una protesta contra la alineación. En la posterior filosofía burguesa de los siglos XIX y XX se pierde ese carácter de protesta. Debería hacerse la prueba sobre esto: sin pensar la concepción de Schiller vinculada con la idea de juego, es difícil suscitar la idea de totalidad. Ante el realismo de la acomodación al poder del curso de la evolución, la conjurada totalidad se convierte en elegía. No se trata ahí de que capitule de tal modo el pensamiento crítico supuesto; éste ya había capitulado al principio, porque él mismo no era sino ideología. En esta línea debería leerse la tradición de la filosofía del juego: Schiller, Groos, Huizinga, Fink, Marcuse. «Juego» aquí oscila entre una apelación utópica y una categoría antropológica, y este doble polo tiene importancia actual en la disputa entre la filosofía crítica y la conservadora, así como en la filosofía marxista".
R. Heinz, *Spiel, in* H. Krings, H.M. Baumgartner und Ch. Wild, *Handbuch philosophischer Grundbegrife*, Kösel Verlag, München, 1973.

marginados, etc.–, es muy difícil, si no imposible, estarlas traduciendo sin estarlas traicionando.[25]

Casa de juego inglesa del siglo XVIII.

(William Hogarth).

---

[25] Al analizar las relaciones existentes entre fonética y fonémica K. Pike propuso que se hiciera una distinción entre eticología y emicología para separar las visiones que poseen de una misma cultura los que la viven desde adentro –visión *emic*– y los que la contemplan y juzgan desde afuera, o mejor, desde el sistema de valores de otra cultura –visión *etic*–. Estas categorías cognitivas han sido acogidas, explicadas y desarrolladas por lo que se ha dado en llamar la Nueva Antropología o Nueva Etnografía. Ver K. Pike, *Language in relation to a Unified Theory of the structure of human behavior*. Summer Institute of Linguistics, Glendale (Cal.), 1954.

III. Nociones, conceptos, categorías, ¿definiciones?

El juego en sus aspectos actuales, o sea profanos, ha sido definido por muchos investigadores, en particular los psicólogos de la infancia, los pedagogos, los psicoanalistas, los sociólogos y alguno que otro antropólogo. A ellos se suma un historiador de la talla de Huizinga, el caballito de batalla de quienes lo citan a troche y moche o lo saquean subrepticiamente, maravillados por su erudición, sin que se animen, los unos y los otros, a cuestionarlo con la necesaria irreverencia de la racionalidad.

La mayoría de las definiciones de juego tratan de hallar un común denominador entre actividades que no pertenecen al mundo del trabajo o de la vida cartesianamente programada: se trata de residuos, de derivaciones no congruentes con la conducta teleonómica, esto es, la que se orienta a fines concretos, generalmente utilitarios. Tales diversiones intrascendentes (¿qué es lo verdaderamente trascendente en el trajín humano que apunta a la supervivencia de la especie?) se revelan como dispensadores de gratuidad en los breves lapsos que abren paréntesis en la vida "seria", o tomada en serio, y rompen los tabiques con que pauta las horas, rutinarias y monótonas, la *praxis* cotidiana de la responsabilidad social.[26]

---

[26] Acerca del sentido de la responsabilidad en nuestra cultura consultar las respuestas de Jaspers, Buber, von Weizsäcker, Guardini y Heidegger sobre el *"com-promiso del hombre real en la esfera del acontecer" in* R. Wisser, *Verantwortung im Wandel der Zeit.* Hase und Kölher, Mainz, 1967.

30

Pero este esfuerzo reductorio y a la vez sincrético ha hecho florecer profusamente los equívocos. ¿Es lícito meter en un mismo paquete la actividad reiterativa, casi neurótica, del jugador infantil solitario, estudiado por Winnicott, y la tipología de los juegos propuesta por Piaget?[27] ¿Son juegos las ensoñaciones y quimeras sugeridas por Duvignaud?[28] ¿Existe una vinculación plausible entre el devaneo de los subconsciente que aflora ante el desafío ambiental, el entretenimiento colectivo pactado por la libre *poiesis* y el juego sometido a reglas, de raigambre tradicional, institucionalizado por el reglamento o conservado por el folklore?[29] ¿Pueden ser reducidos a un mínimo común denominador los juegos de destreza y los juegos de azar? ¿Son actividades poco serias, o regocijantes, la del jugador de bridge, enfrascado en su ordenadora mental, y la del apostador

---

[27] J. Piaget. *La formation du symbole chez l'enfant: imitation, jeu et rêve. Image et representation.* Delachaux & Niestlé, Neuchätel, 1959. En este libro Piaget dedica toda la segunda parte (Nacimiento del juego, Clasificación de los juegos, Explicación del juego, El simbolismo secundario del juego) a la problemática del juego en el niño, según sus seis distintos estadios de crecimiento mental, afectivo y físico. Los juegos son clasificados en tres tipos: 1) Juegos de ejercicio (sensorio-motores; de pensamiento); 2) Juegos simbólicos; y 3) Juegos reglados (según reglas trasmitidas o espontáneas, ambas correspondientes a la actividad lúdicra del ser socializado).

[28] J. Duvignaud, *Op.cit.*

[29] El folklore el juego o los juegos folklóricos han sido objeto de muchas investigaciones. Entre ellas señalo W. Giese, *Los pueblos románticos y su cultura popular.* Instituto Caro y Cuervo, Bogotá, 1962; L. de Hoyos Séinz; Nieves de Hoyos Sancho, *Manual de Folklore. La vida popular tradicional.* Revista de Occidente, Madrid, 1947; R. Violant y Simorra, *El Pirineo español. Vida, usos, costumbres, creencias y tradiciones de una cultura milenaria que desaparece.* Editorial Plus-Ultra, Madrid, 1949; J. y J.C. Díaz Usandivaras, *Folklore y tradición. Antología argentina.* Editorial Raigal, Buenos Aires, 1953; J. Caro Baroja, *Los pueblos de España. Ensayo de etnología.* Editorial Barna, Barcelona, 1946; A. Varagnac, *Civilization traditionelle et genres de vie.* A. Michel, París, 1948.

de la ruleta, al borde del colapso nervioso ya que no de la apoplejía?

Del mismo modo ¿cabe identificar juego y fiesta, como tan comúnmente se estila? ¿Es el juego una astucia de la razón, una preparación para la vida del adulto, una estratagema de la naturaleza o un resabio de la famosa frase de Kafka "*la vida es una distracción continua que ni siquiera nos permite reflexionar sobre aquello de lo que nos distrae*"? Y en el caso de los propios juegos infantiles, estudiados descuidadamente bajo la lupa de un criterio generacional ¿responden todos a una misma motivación y apuntan todos hacia un idéntico objetivo? Al respecto un investigador alemán nos previene: "*Es obvio que un niño elabora unos juegos y unas formas de vida muy diferentes si [...] se cría en medio de la decadencia cultivada de una casa burguesa de Lübeck, o en un asilo de huérfanos inglés, o entre el alcoholismo, la hostilidad y la pobreza de una antigua aldea rusa, o rodeado del paisaje de cemento armado de la «patria nueva». Esto da lugar, ya solo por las condiciones exteriores, a unas enormes diferencias entre los distintos entornos de vida y de juego de los niños, expresión de circunstancias económicas, de estructuras sociales y de condiciones culturales y espirituales que se manifiestan de maneras diversas en el mundo infantil. Las reglas y formas de sus juegos no son, a menudo, más que un reflejo de las condiciones de vida en las que se crían los niños [...]. Por otra parte ese niño jugador que se cree descubrir en estado puro en toda época y lugar ha sufrido el impacto de la dicotomía del industrialismo —los niños en la casa, los padres en el trabajo— y responde a otras configuraciones laborales y culturales si se le considera en la época preindustrial: [...] la participación de los niños en el trabajo casero, en el taller de los padres, en la agricultura o en otras formas de trabajo familiar, es claro que dejaba un reducido espacio al juego infantil en la época preindustrial, pero también lo hacía prescindible en muchos de los aspectos que hoy tienen importancia esencial entre los niños. En la época preindustrial el juego no constituía tan exclusivamente un mundo aparte del mundo del niño, separado del de los adultos. Los adultos y los niños permanecían reunidos, al igual que en el trabajo diario, también en sus fiestas, en sus actos religiosos, en su tiempo libre al terminar la jornada y en sus juegos; una gran parte de esos juegos eran de características tales que divertían con la misma intensidad a los adultos y a los niños".*[30]

Lo mismo sucede con el ejercicio físico de los adultos ya que puede ser gimnasia, juego o deporte. La gimnasia, con sus figuras y sus ritmos, abarca una amplia gama que va desde la rigidez de la gimnasia sueca hasta la masificación televisiva de movimientos mórbidos y generalmente cargados de erotismo que, al compás de la música, practica un conjunto de mujeres bajo la dirección de un espigado y diestro conductor de dudosa masculinidad. Pero la gimnasia no es deporte ni juego. Por otra parte no se ha apagado todavía la disputa entre los que, por razones terapéuticas, higiénicas y de mantenimiento de la salud corporal, que es la antesala de la salud mental (*mens sana in corpore sano*), defienden la fastidiosa rutina de la gimnasia ante los propugnadores del deporte, cuyo significado creativo y socializante la relega a una suerte de automatismo narcisita.

En el caso de las relaciones entre el juego y deporte sucede algo parecido, pero con signo diferente, ya que la coincidencia de formas exteriores recubre actitudes personales y fines sociales notoriamente disímiles.

Los ejemplos abundan y son lo suficientemente expresivos como para aclarar las diferencias entre el fútbol-juego practicado – diversión pura- en una cancha de barrio y el

---

[30] A. Fitner, El juego infantil: su promoción y su uso equivocado en pedagogía. *Humboldt*, no.64, año 18 (edición en español), Munich, 1977.

fútbol-deporte profesionalizado que se despliega en una competencia mundial organizada por la FIFA.

Cuando un grupo de vecinos de barrio, adultos todos, se reúne en un baldío de localidad para improvisar, con reglas muy laxas –tamaño de la cancha, número de jugadores, dimensiones de las vallas, duración de la actividad– un dominguero partido de fútbol, lo que hacen es jugar, sin lugar a dudas. Y juegan espontáneamente, porque se les da la gana, porque así disfrutan un gozoso y violento esparcimiento, según las normas de un acuerdo coyuntural, de naturaleza voluntaria. Este pacto solo procura *di-vertere* (apartarse) distraer el ánimo y no fortalecer el cuerpo –que frecuentemente queda magullado y derrengado– aprovechando la brecha abierta en el calendario laboral por el advenimiento del "tiempo libre".

Pero el integrante de un equipo profesional de fútbol, sea millonario o escuálido el monto contractual que lo ata y sojuzga a un poder que es a la vez concreto y abstracto – exigencias de los entrenadores, los directivos, los espectadores, los comentaristas y la opinión pública– está sometido a una disciplina de adiestramiento, obligado a rendir como una máquina, a ser hábil e incansable, caballeresco y heroico.

En efecto, el jugador de fútbol profesional, o aun el *amateur* que concurre a unos "juegos" –campeonato u Olimpíada– constreñido por la obligación de "ganar o morir", no puede encontrar gozo ni expansión en la práctica de su deporte. Un deportista ya no es más un jugador en sentido estricto: es un ente autotélico que al establecer sus propias metas crematísticas en tanto persona, se ha convertido en una mercancía, en un instrumento corporal perteneciente a una institución que no exige amor sino deber. No patea entonces la pelota por placer, gratuita y vehementemente, sino que está uncido a una empresa productiva a la que vende, como cualquier asalariado, su fuerza de trabajo. La "libertad" del deportista puede expresarse en las adiciones del virtuosismo –fuerza y garra, habilidad y picardía– pero no en la arbitraria, y esta vez sí libre forma de hacer las cosas manifestada por el jugador dominguero de fútbol sin sanción ni obligación.

El futbolista controlado por poderes a los que se debe obediencia no es un hombre libre en el sentido prístino del término libertad; se encuentra constreñido por las obligaciones del *record* (de goles o atajadas), por las imposiciones de una efectividad pareja o creciente, por la necesidad de ganar el campeonato, etc.

De tal modo la cosificación de su cuerpo y la reificación de sus habilidades convierten al deportista actual en una especie de esclavo en el *panem et circensis* resucitado por la civilización de masas en nuestro tiempo. Salvando las distancias con las costumbres romanas, es un gladiador al servicio de una organización tecnoburocrática y comercial, muchas veces de estructura mafiosa que nada tiene que ver con la libertaria y liberadora esencia del juego. El juego, en efecto, deja de ser tal en el ámbito de la coacción; la normatividad del deber ser aniquila la espontánea, y tantas veces dubitativa, errática o aun contadictoria, manifestación del Ser del sujeto que libremente juega, que reingresa cuando quiere a la realidad y que, saliendo otra vez de ella, vuelve a jugar en la hora del descanso laboral o en la pausa de la vacación súbita decretada por su ánimo. El hombre, y sólo el hombre, único animal prospectivo del ecosistema que fue capaz de construir un tecnosistema, juega cuando se le da la gana. El deporte contemporáneo, como trataré de demostrar en otro capítulo, es la antítesis científico-industrial del juego-persona, del juego-*poiesis*, y en este negocio (el *neg-otium* es la negación del ocio) han estado metidos los intereses privados del mundo capitalista, las organizaciones del *aparatichik* del ex-mundo socialista y las mafias del todo el mundo.[31]

Pasemos revista ahora a un puñado de definiciones acerca de lo que es el juego, no sin antes detenernos un instante en su etimología y su semántica. Juego deriva del vocablo latino *jocus*, que significa diversión y también broma. El jugador es un bromista que por su propio talante se instala en un divertículo de la vida cotidiana y allí construye su castillo de fantasías. El *juglar* medieval es un personaje gracioso, chocarrero, que hacer reír: juega con las palabras, con los ademanes, con los objetos y los pensamientos. Pero este juego – con una cabriola, se salta de lo profano a lo sagrado, de la cotidianidad desencantada al *mysterium fascinans*– al cabo reclama su escondida trascendencia en la ofrenda del juglar de Nuestra Señora que adora a la divinidad practicando ante sus íconos, a modo de jacultoria, las habilidades de un oficio desestimado. Este mester de juglaría, con otro signo, aparece en muchos de nuestros juegos-ritos desposeídos de su función primaria.

Entremos ahora al campo de las anunciadas definiciones para abstraer luego de su análisis, siempre que ello sea posible, los caracteres que revelan la naturaleza última del juego, de esta actividad elusiva y polisémica orientada por el signo hacia el símbolo, que no es utilitaria y a la vez está sujeta a la medida, que se despliega en el libre campo del querer y no bajo la bandera impositiva del deber. En el juego

---

[31] El Tercer Mundo no surge, como se cree, como el tercero en discordia con el Primer Mundo (el capitalista) y el Segundo Mundo (el socialista). Según el concepto del creador del término, el estadígrafo francés Alfred Sauvy (1956), los integrantes del Tercer Mundo –*Tiers Monde* al igual que el *Tiers Etat* francés en vísperas de la Revolución de 1789– son los *más*, cuantitativamente considerados, pero los *menos*, cualitativamente evaluados, pues sus derechos, mínimos, están en relación inversa con sus obligaciones, grandes y afligentes (como la deuda externa de los países tercermundistas de Latinoamérica).

existe una manifestación del Yo o del Nosotros que a veces es un escamoteo de la identidad, esa moneda del intercambio social, y otras veces es el camino hacia una identidad enmascarada por las convenciones del *rol* y del *status* sociales. El juego configura un quehacer que se extingue, como un fuego fatuo, en su propio decurso: el camino, por lo tanto, importa más que la posada. Hay juegos donde nadie gana y que, cuando se gana, ya ha quedado atrás la peripecia, el divagar a lo largo y ancho de un territorio transaccional, de tanteos hacia adentro y hacia afuera de lo psíquico, de ósmosis entre los contenidos de la persona y la resistencia de las cosas cuando no de los cuerpos y/o las mentes del grupo comunitario. Esta manifestación instrumental del juego, por otra parte, se revela en un espacio y transcurre en un tiempo significativos por sí mismos, en tanto que creaciones humanas.

Las definiciones del juego abundan, aunque no todas trasunten una meditación original sobre el juego. Los rasgos anteriormente apuntados, y muchos otros más, contradictorios o complementarios, aparecen una y otra vez en las definiciones usuales. Sin embargo la mayoría de ellas no aciertan a integrarlos en un sistema —el sistema lúdicro— pues se atienen a lo descriptivo-pictórico que impresiona desde afuera y no a lo vivencial-melódico que fluye de las introspecciones o, por lo menos, de la lectura de las conciencias. Claro que no todo es psíquico o psicoanalítico en el juego: él no puede ser concebible ni explicable sin el derredor social, sin el trasfondo de la mecánica económica, sin el halo cultural donde su lanzadera teje las livianas telas —velos y no vestidos— con que la condición humana se oculta y se muestra a un tiempo. Las definiciones, como se verá de inmediato, ofrecen materia para la crítica y la controversia si bien todas concitan interesantes y complementarias actitudes intelectuales ante un fenómeno evasivo y provocativo a un tiempo.

3.1) Un diccionario de Filosofía y Psicología expresa lo siguiente: "[El juego] …es el nombre genérico de una serie de actividades diversas que tienen de común el ubicarse fuera de la vida seria. Se puede comparar el dominio del juego a una especie de reserva natural, no cultivada, que queda al margen de la economía nacional. La actividad puesta en acción por el juego no tiene un fin exterior al juego mismo; es un fin en sí mismo. Se puede, sin embargo, practicar el juego con gran seriedad, como se observa en los niños y también en los adultos; pero ello no quita que el mundo del juego forme un mundo cerrado. Hay en el juego cierta libertad respecto de las necesidades de la vida ordinaria; tiene carácter espontáneo y si no es ejercido libremente no es juego".[32]

3.2) Un tratadista de estética, esa rama de la filosofía hoy tan venida a menos, dice por su parte "En conjunto, todo juego es una libre disposición, un libre ejercicio de nuestras facultades sobre algún objetivo provisional que nos fijamos para hacer funcionar en el vacío tal facultad o actividad".[33]

Las anteriores definiciones, que presentan el rasgo común de ser muy generales, comparten dos características:

1°) El juego es una libre disposición de la persona para una actividad no utilitaria, y por lo tanto participa en la categoría –tan laxa, tan controvertida– de la libertad o, mejor, del libre albedrío;

2°) El juego es una actividad gratuita, porque sí, que se consume y se consuma en sí misma.

3.3) Otros autores biparten el juego en hemisferios complementarios: el del actor y el de lo actuado. Lalande, al

---

[32] F. Kuypers (ed.) *breve enciclopedia de filosofía y psicología. Carlos Lholé*, Buenos Aires, 1974.

[33] P. Guastalla, *Esthétique*. Citado por A. Foulquié –R. Saint-Jean, *Dictionnaire de la langue philosophique*, Presses Universitaires de France, Paris, 1961. (art. *Jeu*).

referirse al jugar en tanto que conducta, ofrece estos conceptos: "*Prodigación de actividad física o mental que no tiene un fin inmediatamente útil, ni tampoco un objetivo definido, y cuya sola razón de ser para la conciencia de quien la emprende es el puro placer que encuentra en la misma*"[34]

Aparece aquí un carácter que es necesario tener en cuenta: la calidad hedónica del juego. El placer proporcionado por el juego no es el placer que se busca sino el que surge de la realización de aquél. No se trata de un placer sensible sino de un placer afectivo o intelectual, de una invención en suma. Invirtiendo un concepto de J. Lacroix, puede decirse que si bien el placer es tiempo, o un tipo de tiempo, dicho placer no brota de la relación entre un lapso dado y la eternidad sino entre el tiempo no utilitario de la evasión y el tiempo utilitario de la obligación. El placer del juego es breve, transitorio y, sobre todo, no planificado, no anticipado por el deseo de algo: se trata de un hallazgo, de un encuentro cuya ratificación contraviene la monotonía del diario vivir.

En cuanto al juego propiamente dicho, Lalande agrega una nota acerca del *ludus*, del *game*, del juego programado según una lógica interna impuesta por pautas previamente establecidas: "*Organización de esta actividad bajo un sistema de reglas que define un triunfo o una derrota, una ganancia o una pérdida.*"35 Libre disposición del ánimo, gratuidad de la acción, placentera presencia de un tiempo específico, adventicio *al* pero no tributario *del* tiempo civil, cronometrado y pautado: todo esto parecería suponer la ausencia de normatividad, el reino puro del capricho. Pero no es así; en todo juego –y ya lo distinguimos del devaneo, de la ensoñación y del puro entretenimiento– hay una regla, férrea o sutil, sea institucionalizada por la tradición o el reglamento

---

[34] A. Lalande, *Vocabulair e technique et critique de la philosophie.* Presses Universitaires de France Paris, 1951. (art. *Jeu*).
[35] Id. *Ibid.*

"oficial", sea momentáneamente pactada. Un niño que juega a ser aviador convirtiendo a dos tablones cruzados en avión o imaginando un avión en el espacio abstracto de un lugar cualquiera –tal cual opera el teatro chino– asumirá la conducta de un piloto de aviones y no la de un automovilista o un carrero. La correspondencia del objeto y del sujeto se mantiene a lo largo de la operación "volar" y si de pronto, por su propia decisión o por el cambio impuesto por los compañeros deja, en pleno "vuelo", de ser "aviador" para convertirse en astronauta, o en motociclista, o en conductor de cualquier otro móvil, inaugurará en el acto, asumiéndolas, pautas conductuales propias de los papeles sustitutivos del inicial. Los juegos infantiles del trompo, de las bolitas, de la rayuela, de la "mancha", y todos los hoy practicados en América Latina, cuya ocurrencia en la España del Siglo XVII detecta Rodrigo Caro[36], relacionándolos con los tiempos clásicos de Grecia y Roma, y que si fuéramos más atrás hallaríamos en las culturas neolíticas, protohistóricas y de los antiguos imperios de Oriente, tienen también sus reglas, que varían en el tiempo y los lugares, aunque en todos los casos aparezcan como inflexibles y coactivas. Mucho más rígidos aún son los códigos normativos del ajedrez, del ludo, del póquer, juegos expresamente legislados y propios del universo de los adultos. La norma, pues, es una característica inseparable del juego y le confiere al mismo uno de sus más indelebles rasgos: no contradice su libertad y espontaneidad pero las somete a las reglas de un código. El juego es, como todo cuerpo de la cultura humana, un territorio simbólico y ordenado. Es un "como sí" sometido a ritmos y prohibiciones, no un "tal vez sí" errático, caprichoso y fantasmal. Por ello sintetiza mejor que cualquier otra actividad humana el

---

[36] F. Rodríguez Marín, *Cantos populares españoles*. Editorial Bajel, Buenos Aires, 1948. En el Apéndice I se da la noticia de la «obra inédita de Rodrigo Caro, intitulada *Dias geniales o lúdicros*» y se transcribe unos de sus capítulos.

surgimiento del *nomos*, esa convención propia de todo grupo decidido a coexistir en el tiempo, y darle sentido político a un espacio social.

3.4) Un psicólogo de la vieja guarda que, digamos de paso, tendría que ser desempolvada y aun reivindicada en este tiempo desestructurado, distingue entre los juegos de destreza e inteligencia y los juegos de azar, para ofrecer luego un concepto del juego bipartido en sus aspectos estático y dinámico: *"El juego se nos aparece como una actividad que se ejerce fuera del constreñimiento de la realidad y que crea, según los intereses y el nivel mental del sujeto, los temas y los objetos necesarios para su ejercicio. El juego-acción, al igual que el juego-ensueño –si bien el juego es siempre una mezcla de acción y ensoñación– realizan el ensueño por la acción al par que idealizan la acción mediante el ensueño. El juego hace presa en las cosas y se evade de las cosas. Se apodera del mundo y crea otro mundo."*[37]

3.5) Insistiendo en algunas de las ideas expresadas anteriormente y agregándoles la nota de lo utópico –que de algún modo también se convierte en ucrónico– un pedagogo francés, quizá demasiado atenido al estudio de los juegos escolares, efectúa las siguientes precisiones: *"Por el juego, en efecto, podemos dejar el mundo de nuestras necesidades y de nuestras técnicas, ese mundo interesado que nos rodea y nos constriñe; escapamos a la influencia de la coacción exterior, al peso de la carne, para crearnos mundos de utopía. Ponemos entonces en juego –admiremos la bella ambigüedad de la palabra– funciones que la acción práctica dejaría vacantes; es decir, que nos realizamos plenamente volcándonos totalmente en el juego"*. Al trasladarse de la esfera del adulto a la del niño, Chateau clausura toda la riqueza psíquica y espiritual que caracteriza a dicho niño en

---

[37] H. Delacroix *in* G.Dumas (ed.), *Nouveau Traité de Psichologie*, t.VI, F. Alcan, 1939.

su carácter de aprehensor de totalidades, de testigo global no sectorizado aún por las disciplinas analíticas, de dramaturgo que maneja la realidad entera, creando y recreando en sus versiones de ella – o de sus espejos y espejismos- un mundo distinto al de los mayores. El niño no es un proyecto de hombre, un hombre en agraz prefigurado, un hombre incompleto en suma, sino otra cosa, quizá más importante aún, pues colinda y conversa con lo maravilloso, con los espíritus de las cosas y los universales de las culturas. Chateau reduce al niño a *"un ser que juega y nada más"*[38] sin advertir que en esa actividad se conjuran las fuerzas que están antes y después de lo racional, en tanto que expresiones no inteligibles de una condición mántica, cuasi chamánica, propia de la infancia.

3.6) Huizinga, el tratadista hasta hoy más citado por todos quienes se asoman al mundo lúdicro, pues es muy atractivo en su estilo y muy convincente en su ejemplificación erudita, ofrece por su parte dos definiciones, una amplia y otra sintética, del juego. La primera, la amplia, parte de un error, o de un doble error, que a mi juicio afecta toda la doctrina del juego de Huizinga. En efecto, este autor primero lo reifica al elaborar una vaga teoría panlúdicra y luego lo fetichiza, convirtiéndolo en un variable independiente que, al ir desde el animal al hombre, lo sitúa a la vez afuera y adentro de la cultura.

La definición amplia de Huizinga es una entidad estuárica, una especie de ómnibus donde reúne, sin jerarquizarlas, a las distintas características de actividades propiamente lúdicras y de modalidades aledañas a la fenomenología del juego: *"El juego, en su aspecto formal es una actividad libre ejecutada «como si» y sentida como situada fuera de la vida corriente pero que, a pesar de todo, puede absorber por completo al jugador, sin que haya en ella ningún interés material ni se*

---

[38] J. Chateau, *L´enfant et le jeu*. Les Editions du Scarabeé, Paris, 1958.

obtenga provecho alguno, que se ejecuta en determinado tiempo y un determinado espacio, que se desarrolla en un orden sometido a reglas y propende a rodearse de misterio o disfrazarse del mundo habitual".[39]

Entre los reparos que se le puede hacer a esta definición demasiado lata destaco los siguientes:

Primer reparo. El "como si" no es condición *sine que non* del juego, y esto vale tanto para Huizinga como para quienes ven en dicha prestidigitación del espíritu la esencia de aquel. El "como si" funciona en los casos donde los protagonistas lúdicros simulan o fabulan a ser el Otro, o lo Otro, ya como sujetos, ya como titiriteros de ultrarrealidad en la que las cosas adquieren alma y obedecen a la voz del amo o se rebelan contra él, tal cual nos narra el mito prechimú.[40]

Hay situaciones lúdicras en las que el "como si" tiene plena validez. Los niños que convienen en convertirse en "policías" y "ladrones" asumen los papeles de aquellos "como si" efectivamente lo fueran. Sin embargo, esos mismos niños cuando juegan con los trompos o con las cometas no se convierten ni en trompos ni en cometas: se atienen a las reglas tradicionales en materia de actividad, objetualidad, espacio y tiempo y, en ellas y por ellas expresan la re-creación lúdicra de su propia *ecceidad*, su íntimo e intransferible modo de ser.

Lo mismo sucede con los ajedrecistas: no se piensan en un campo de batalla, no se imaginan como reyes sitiados o torres

---

[39] J.- Huizinga, *Op*.cit.

[40] R.J. Forbes, *The Conquest of Nature. Technology and its Consequences*. Encyclopaedia Britannica, London, 1968. El mito transcripto dice lo siguiente: *Esto ya sucedió y volverá a suceder de nuevo. Hace muchísimo tiempo el sol no se vio más y durante cinco interminables días el mundo estuvo sumido en la mayor oscuridad. Esto sirvió de señal para que las cosas comenzaran a animarse. Las piedras empezaran a moler, los morteros y las manos se enfrentaron con sus dueños y las mismas llamas agredieron a sus pastores en los apriscos.*

en guardia, no saltan en ángulo relinchando como los caballos ni avanzan cautelosamente como los peones, esto es, como los infantes de los ejércitos cuya condición de apeados revela un humilde origen social. En vez de asumir la representatividad estática de las piezas, esculturas jibarizadas de un combate arcaico que distraía a los reyes ociosos, abstraen las potencialidades dinámicas de aquellas, convirtiéndolas en las partes interrelacionadas de un sistema. Y entonces las mentes, volcadas en esos subsistemas libres y subyugados a un tiempo, integran los movimientos aislados –movimientos que brillan como brasas aventando las tinieblas del caos– en un *ballet* de fugas y contrapuntos extrapolado hacia la alta atmósfera de la racionalidad. El "como si" es reemplazado por el sí o por el no de las tácticas contingentes. La prospección deambula entonces por un laberinto transparente de creatividad pura, salvo la invocación reverencial a la estrategia (paradigmática y no obligatoria) de los grandes maestros a partir de Ruy López, Philidor, Capablanca, Lasker o Alejin, para hablar sólo de los clásicos. Pero el regreso mecánico a ciertas aperturas, defensas o finales tampoco "ajedreciza" al hombre; por lo contrario, lo humaniza intensamente al exigir la plenitud de su memoria, el revivir y reinterpretar las soluciones halladas por otras mentalidades preclaras. El ajedrecista normal, el que se las arregla para abrir un hueco en la diaria labor y compartir con un semejante, ante la gravedad del tablero, la gracia del pensamiento, no recurre a ningún "como si": se evade de la rutina de la vida merced a instantes privilegiados que se agotan en su propio tiempo, que se concentran en un cifrado espacio, que se incineran en su propio esplendor, configurando así, nada más ni nada menos, que la apoteosis del juego entre los hombres.

Segundo reparo: No es una constante la ausencia del interés material y la inexistencia de la expectativa de provecho en el juego. Existen jugadores desinteresados y jugadores interesados. El juego, en su esencia técnica, es neutro: la apuesta constituye un elemento externo que puede condicionarlo pero que no lo determina. Evocar el giro veloz y languideciente de la rueda de la vida y de la muerte –la medieval rueda de la fortuna que es también el curso solar y el sucederse de las estaciones –en la sinopsis giratoria de la ruleta, no se compadece con el conjunto de espíritus ansiosos –los mortales, nosotros mismos– que, apostadores inevitables, disponen sus fichas en los números rojos (vida) y negros (muerte) que pautan con colores simbólicos el destino final de las jugadas. No obstante, la ruleta y su numerología coloreada convocan inmediatamente la emoción de los puros jugadores y no la mediata ganancia o pérdida de dinero por parte de los interesados apostadores. El juego de azar es un pretexto para que el apostador apueste tolo imaginable y aun lo inimaginable. La apuesta entonces devora el juego y lo convierte en un desnaturalizado súcubo complaciente. La nota de desinterés apuntada por Huizinga aparece, en consecuencia, como irrelevante. El juego en sí no es interesado ni desinteresado; estos acentos recaen, como se apuntó antes, en el sujeto que ayer lo interrogaba como a un oráculo y que hoy transforma el valor de uso en valor de cambio. Quien es protagonista desde "adentro" puede apostar pero lo más frecuente es que se apueste desde "afuera". La esfera de las apuestas, no obstante, está centrada en los juegos de azar antes que en los de destreza.

Finalmente debe señalarse que en determinados tipos de juegos, los de competencia, existe interés en el triunfo por parte de sus actores mientras que en los de asunción de otras personalidades o papeles, tal como sucede con los juegos infantiles, no se persigue ningún tipo de recompensa o ganancia.

Trifulca en un garito de Keno, juego antecesor del bingo.
Dibujo del siglo XIX.

Tercer reparo: Este reparo no es genérico sino específico. En efecto, las rígidas y preestablecidas reglas de determinados juegos –el bridge, el ludo, el ajedrez– parecen volatilizarse ante el desorden creador o el ímpetu imaginativo de ciertos juegos, en especial de los de simulación infantil, los cuales improvisan metamorfosis del tiempo, del espacio y de la personalidad al margen de todo reglamento precio. ¿Caben estas divagaciones, fantasías y caprichos alógicos, al estilo de los personajes de *Alicia en el país de las Maravillas*, en el área psíquica y/o cultural del juego? ¿O tienen, en su devaneo, en su realismo mágico, en su lujuria imaginativa, una lógica secreta, un mecanismo interior que, al principio o al fin de la

46

acción, proporcionan códigos externos a ella para acordar que obedecen a la críptica secuencia de una charada trascendental?

Cuarto reparo: El carácter de la actividad subrepticia, ilegal, fullera, proclive a la proscripción, ampara una minoría delictiva –llamésmole así– de juegos y jugadores. Pero la prohibición se impone desde el exterior, al margen de la íntima índole del juego. La clandestinidad del garito está determinada por la persecución a las *tafurerías*, tal cual lo hiciera Alfonso el Sabio, o por legislaciones actuales que, basadas en el fuero moral o en el económico, impiden que se despoje a los clientes en locales donde, a fuerza de timos y trampas, los tahúres han organizado un saqueo sistemático de los apostadores incautos.

En cuanto a los rasgos de disfraz y encubrimiento asumidos para destacarse del mundo habitual conviene advertir que tales rasgos no son propios del juego en sí sino de las sociedades secretas, de los grupos marginales, de los *outsiders* de todas las civilizaciones.

La definición breve que ofrece Huizinga sobre el juego es la siguiente: "*El juego es una acción o actividad voluntaria, cumplida dentro de ciertos límites de tiempo y lugar, de acuerdo con una regla libremente consentida pero absolutamente imperiosa, provista de un fin en sí, acompañada por un sentimiento de tensión y júbilo, y de la conciencia de ser de otro modo que en la vida real*".[41]

Esta definición no merece mayores reparos; puede que le falte algún rasgo pero no le sobra ninguno. Lástima que en el desarrollo de su libro Huizinga ubicará en el territorio lúdicro a actividades tales como el pleito judicial, la poesía, la guerra y otras de candidatura más improbable todavía.

---

[41] J. Huizinga, *Op.cit.*

3.7) R. Caillois, por su parte, señala y subraya descriptivamente una serie de características del juego pero indica que configuran *"cualidades puramente formales"*. No llega a perfeccionar ninguna definición que cale en profundidad, por debajo de la epidermis de los fenómenos, la esencia del juego. Ofrece, en cambio, una colección enumerativa de rasgos y acentos que, si bien posee utilidad pedagógica, carece de toda integración e interacción sistemáticas.

De tal modo el juego aparece como una actividad:

"1°) libre: A la cual el jugador no podría obligarse sin que el juego pierda de inmediato su naturaleza de diversión atractiva y alegre.

2°) Separada: Circunscrita en límites de espacio y tiempo precisos y fijados de antemano.

3°) Incierta: Cuyo desarrollo no podría determinarse, ni conocerse previamente el resultado, pues debe dejarse a cargo de la iniciativa del jugador cierta latitud para la invención.

4°) Improductiva: Que no crea bienes, ni riqueza, ni elemento nuevo de ninguna clase; y, salvo el desplazamiento de propiedad dentro del círculo de jugadores, acaba una situación idéntica a la del comienzo de la partida.

5°) Reglamentada: Sometida a convenciones que suspenden las leyes ordinarias y que instauran momentáneamente una legislación nueva, que es la única que cuenta.

6°) Ficticia: Acompañada con una conciencia específica de realidad segunda o de franca irrealidad en relación con la vida corriente ".[42]

Puede hacerse también una serie de reparos a esta enumeración de Caillois pero conviene ya ir a la síntesis que surgen de la comparación de las distintas conceptualizaciones del juego.

3.8) Las definiciones reproducidas repiten, de modo más o menos encubierto, una característica señalada por Kant: *"el juego es una actividad placentera por su propia naturaleza, lo que dispensa la necesidad de una expresa finalidad"*[43] El rasgo de lo no necesario ya había sido advertido por Aristóteles en la Ética a Nicómaco pero el "como si", que se le agrega luego, se hace patente cuando se reflexiona sobre el juego desde otros miradores (y ámbitos) sociales: el club, la corte, el sindicato, la escuela, etc. *"El dominio del juego es el paraíso del «como si». La niña da de comer a la muñeca «como si» ésta tuviera hambre y pudiera tragar; los jugadores de ajedrez o de tenis se comportan «como si» tuvieran ante sí un adversario y tuvieran interés en ganar la partida; el actor se comporta «como si» fuera realmente un avaro o estuviera enamorado o celoso ".*[44]

Obsérvese la confusión en que incurre Claparède al no distinguir entre el juego espontáneo, regulado desde adentro, y el juego institucionalizado, regulado desde afuera por la tradición o la norma escrita, por el reglamento en suma.

---

[42] R. Caillois, *Les jeux et les hommes: la masque et le vertige.* Gallimard, Paris, 1958.

[43] E. Kant, *Kritik dek Urteilskraft* (1790). La *Crítica del Juicio* ha sido publicada en español por varias editorials. Entre ellas figura la de Porrúa, México, 1973.

[44] E. Claparède, *Psychologie de l'enfant et psychologie pédagogique.* Kundig. Génève, 1924.

Claparède además confunde la conducta simbólica del actor, que interpreta su papel según el texto de una pieza teatral, con el juego. El actor no juega, aunque el *jouer* con que el idioma francés tipifica su actuación incline a pensar lo contrario. Más cerca del juego se halla –o se hallaba– el improvisador de la *Commedia dell'Arte* quien, obligado a representar caracteres definidos como los de Pantalón o Arlequín, se abandonaba su talante –y muchas veces a su talento– de improvisador repentista. El argumento, entonces, se va trenzando a medida que transcurre la acción desencadenada por las propuestas y ocurrencias de los actores.

Pero hay un límite: el carácter tradicional el personaje –el cornudo, el insolente, la casquivana– impone normas que no se pueden transgredir. Aun así esta improvisación no es alocado juego sino teatro, espejo y decantación de la vida. El juego conforma una vida aparte, un *hortus conclusus* al cual se ingresa para encontrar no una réplica o una metáfora de la vida sino una vida distinta, pautada por emociones y entusiasmos en estado puro, alumbrada por los fuegos de artificio de la eternidad del instante.

El "como si" del niño que juega con la copa, tal como lo describiera José Enrique Rodó en una famosa parábola[45], está más cerca de la poesía que del juego. Dicho niño, creador a su modo de un mecanismo compensatorio, se halla a distancias astronómicas de la *areté*, esto es la virtud propia que califica al jugador de tenis o de ajedrez. Estos jugadores, contrariamente a lo que opina Claparède, quiere efectivamente ganar, sin que ningún eufemismo disimule su propósito. Estén enfrentados en un torneo de inteligencia estratégica y habilidad corporal que exige, complementariamente, resistencia física y mental en el

---

[45] J.E. Rodó, Motivos de Proteo. J.M. Serrano, Montevideo, 1909. Se trata de la parábola Mirando jugar a un niño.

ajedrez y astucia táctica en el jugador de tenis. En definitiva y a su modo ambos son luchadores a los cuales el triunfo les interesa sobremanera: se enfrentan con "adversarios" y tienen interés en ganar –y a veces cobrar suculentamente– sus respectivas partidas. El *agon*, esto es, la lucha, es el ingrediente de muchos juegos, y tal vez de todos, pues la búsqueda de la fortuna en los juegos de azar supone un combate contra la "mala suerte", contra la grisalla cotidiana.[46]

¿Qué es el juego, en definitiva? ¿Es posible concebir una definición que abarque todas sus modalidades? ¿O el mundo del juego forma una realidad aparte que desdobla en una liviana imagen de espejo la gravedad del drama existencial, aliviándolo, gratificándolo, haciéndolo más remoto y llevadero? ¿No será necesario practicar cortes en el juego y dividirlo en un hemisferio infantil, intensamente explorado por los psicopedagogos[47] y un hemisferio adulto? ¿Los estratos culturales –campesino, ciudadano, académico– y las clases sociales de los grupos humanos estratificados no han de ser tenidos en cuenta para que la abstracción juego adquiera matices etnológicos y sociológicos, declinaciones estatutarias, axiologías restringidas, cosmovisiones específicas? ¿No habrá, incluso, que analizar el fenómeno del juego en el mosaico de las diversas culturas en vez de tratarlo

---

[46] R. Caillois, *Op.cit.* clasifica los juegos en cuatro tipos cardinales: *âgon* (competencia, combate, lucha); *alea* (que en latín significa juego de dados y se aplica a los juegos de azar); *mimicry* (del vocablo inglés referido al mimetismo de los insectos, para aludir a los juegos de imitación del «otro» o del «como si»); *ilinx* (del griego torbellino de agua, para designar a los juegos de vértigo o trance que altera las percepciones «normales» (?) del espacio y del tiempo). Caillois distingue el *paidia* griego, equivalente al *play* inglés, que es el juego espontáneo, creativo, centrado en la iniciativa personal, del *ludus*, que en latín es a un tiempo «juego» y «escuela», equivalente al *game* inglés, centrado en la rigidez abstracta de las reglas que trascienden a los jugadores.

[47] Además de los citados estudios de Claparède y Chateau ver UNESCO, *El niño y el juego. Planteamientos teóricos y aplicaciones pedagógicas*. Unesco, Paris, 1980.

como una variable independiente que ocupa siempre el mismo lugar en el mapa de las conductas y valores de los pueblos ágrafos y de los pueblos civilizados? ¿Es lícito meter en un mismo costal los juegos de salón y los deportes a cielo abierto? ¿Pueden considerarse en un pie de igualdad los juegos reglados y los juegos espontáneos, los jugadores y los contemplan el juego, los que apuestan y los que sólo tienen el desinteresado gusto de jugar?

A las anteriores preguntas se les pueden agregar muchas más. El dilema, entonces, consiste en pecar por exceso o por defecto, en acuñar una definición que por abarcarlo todo no aclare nada o en delimitar un concepto breve, cuya generalidad se transforme en vaguedad.

Voluntad, placer y libertad de iniciativa pueden ser los rasgos comunes que sirven para la caracterización del jugador. El "como si" no vale, por ejemplo, para el caso del ajedrecista; el desinterés no cabe en el ánimo del apostador que procura enriquecerse con un golpe de suerte. El juego debe ser mirado desde un punto de vista serio aunque constituya una actividad "no seria", tal cual se dice con un dejo despectivo que nada favorece a la inteligencia del fenómeno lúdicro.

Como toda alegoría de la sociedad humana, la del juego es simbólica pero, a diferencia de otras, trascendentes o amparadas por un prestigioso nimbo retórico, no apunta a ningún objetivo práctico y se agota en sí misma. No es ocio ni fiesta, aunque colinda con ambas actitudes de disponibilidad del espíritu. Iocus, en latín, significaba broma, chiste, chanza, gracia, juego de palabras. Lois ioci designaron luego a las distracciones, a las diversiones que apartan de las rutinas del diario vivir, a los pasatiempos en suma. Pero ¿qué clase de tiempo es éste, el del juego, que como un parsimonioso río desovilla sus meandros a la vera de la corriente mayor del tiempo cósmico y del tiempo humano?

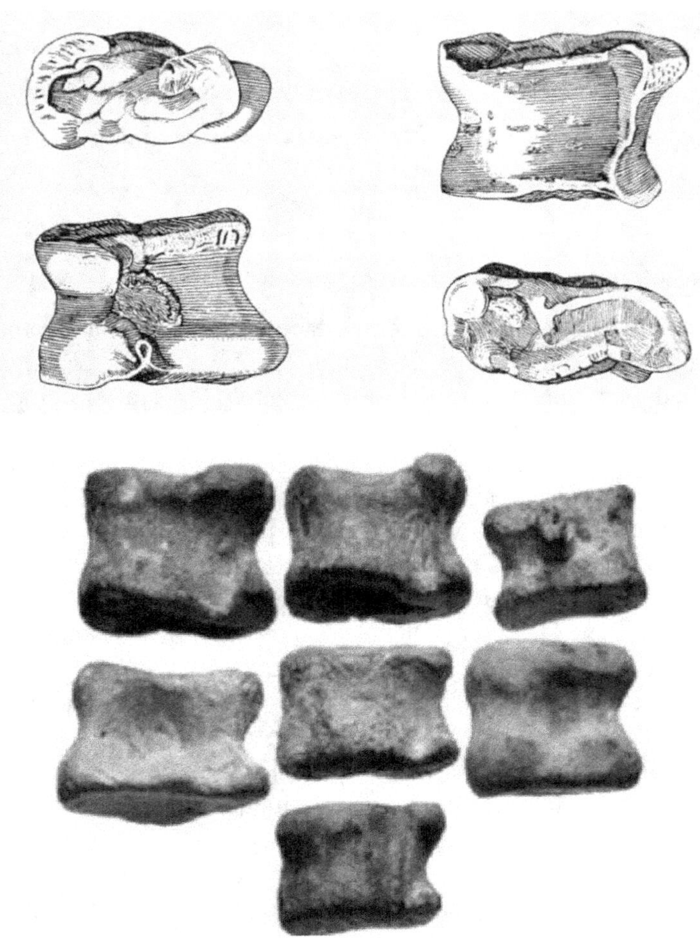

Las cuatro caras de la taba (hueso astrágalo), Antecesora del juego de dados. Cada cara tenía un valor específico: arriba a la izquierda, es seis; a la derecha, cuatro; abajo a la izquierda es tres, y a la derecha, uno.

IV. Excursus sobre el espacio y el tiempo

La anterior alusión al tiempo facilita la entrada en el tema vertebral de esta tesis. El tiempo en relación con el juego puede ser considerado desde tres puntos de vista: el tiempo del juego (cuándo se juega: ritmos cotidianos, semanales, anuales, etc.); el tiempo en el juego (duración reglamentaria, tiempo vivido, tiempo producido, tiempo transcurrido); el juego en el tiempo (evolución de los juegos según las épocas y las culturas, paso de lo ritual a lo profano, procesos de folklorización). Y con el tiempo hace su aparición el espacio, su hermano Dioscuro. Dicho espacio lúdicro tiene también tres dimensiones: el espacio del juego (dónde se juega; caracteres de los ambientes cerrados y abiertos, estructuras formales e informales); el espacio en el juego (cómo se juega, relación proxemística[48] de los jugadores entre sí y con el universo de los diseños, objetos y juguetes); el juego en el espacio (coexistencia de distintos juegos y de complejos o sistemas lúdicros en un espacio social concreto; sincronismo de los juegos en las áreas de civilización o "áreas culturales"[49] del planeta Tierra).

---

[48] *La proximística y la proxémica son nuevas disciplinas que tienen que ver con la distancia y el espacio interpersonales en el coloqui, el trabajo, la recreación, la comunicación en definitiva.*

[49] Sobre el concepto de área cultural consultar a J.H. Steward, *Teoría y práctica del estudio de áreas*. Unión Panamericana, Washington, 1955. El surgimiento del concepto se debe a W. Wissler, *The American Indian. An introduction to the Anthropology of the New World* (1917). Smith,

Además de estas divisiones necesariamente rígidas existe una producción del espacio y del tiempo en las distintas configuraciones dinámicas que se establecen en los ambientes creados por lo jugadores, sistemas objetuales y espectadores que caracterizan a los distintos juegos.

Al hablar del espacio y el tiempo en un estudio de esta naturaleza, el discurso debería centrarse en lo filosófico o, lo que resulta menos comprometido, en una serie de filosofemas sobre el espacio y el tiempo a los efectos de orillar las reales dificultades epostemológicas y ontológicas de ambos temas. Pero a esta altura del desarrollo científico, que en más de un sentido arrastra hoy las categorías filosóficas tras su carro vertiginoso, hay que recurrir a los planteamientos de Einstein[50].

Hasta el advenimiento de la era einsteniana, en la que debemos registrar otros nombres ilustres –el de Minkowski por ejemplo–, el espacio y el tiempo corrían por cuerdas

---

Gloucester (Mass.). Ver también del mismo autor *Man and Culture*, Cowell, New York, 1923. Este concepto del área cultural ("*una clasificación de los grupos sociales según sus rasgos culturales*") que fuera luego enriquecido por A.L. Kroeber y M.J. Herscovits puede ser rastreado en un autor anterior a Wissler. En efecto, O.T. Mason, *The origins of Inventions: a Study of Industry among Primitive Peoples*, London, 1895, se adelantó a los antropólogos que aparecen como los creadores de dicho concepto. Una descripción sintética de las áreas culturales en el globo figura en D.E. Hunter & Ph. Whitten (ed.), *Encyclopaedia of Anthropology*. Harper & Row, New York, 1976.

[50] A. Einstein & L. Infeld, *The evolution of Physics. The growth of ideas from the early concepts to Relativity and Quanta*. Harvard University Press, Cambridge (Mass.), 1938; A. Einstein, *Über die spezielle und die allgemeine Relativitätstheorie*, Wieweg und Sohn, Braunschweig, 1960; id., *Relativity*, Crown, New York, 1931; Id. *et al.*, *Relativity Theorie. Its origins and impact on modern thought*. J. Wiley & Sons, New York, 1968; A.P. French, *Special Relativity*, Norton, New York, 1968; E.F. Taylor & J.A. Wheeler, *Spacetime Physics*, Freeman, San Francisco, 1963; N.D. Mermin, *Space and time in special relativity*, McGraw-Hill, New York, 1968.

separadas. Las rígidas coordenadas cartesianas, convertidas luego por Kant en las representaciones *a priori* que fundamentan los fenómenos externos, en los cuales se despliega la riqueza fáctica del mundo sensible, no resultaron tales en la univocidad del cronotropo[51]. Según Einstein existe un espaciotiempo, un tiempoespacio, una entidad proteica y mudadiza con respecto a quien –sujeto humano– la contempla y manipula, que ya no puede ser entendida al margen de la materia y la energía, realidades intercambiables y pulsátiles que también se determinan recíprocamente, vaya esto como una metáfora, en el ciclotrón52 universal del movimiento. En suma, y tal cual lo ha comprobado la ciencia contemporánea, las parejas materia-energía y espacio-tiempo condicionan a los cuerpos que distan y duran al par que estos cuerpos, dotados de energía, se desplazan creando el espacio y el tiempo.[53]

Al referirse a los fenómenos que ocurren en el mundo y son captados por nuestros sensores y procesadores

---

[51] Este término fue acuñado por L. Fantappié: Teoría unitaria de la casualidad y finalidad en los fenómenos físicos y biológicos, fundada en la mecánica ondulatoria y relativista. *Revista Matemática Hispano-Americana*, t. III, n°2, Madrid, 1943, pp. 82-89.

[52] El ciclotrón es un aparato acelerador de las partículas elementales que integran los átomos.

[53] La bibliografía sobre el espacio y el tiempo, como se dijo en la nota (1), es sumamente extensa. Ofrezco aquí algunos títulos accesibles en español: B.C. van Fraassen, *Introducción a la filosofía del espacio y del tiempo*. Labor, Barcelona, 1978; E.Minkowski, *El tiempo y las filosofías*. Unesco- Sígueme, Salamanca, 1979; Id., *Las culturas y el tiempo*. Unesco-Sígueme, Salamanca, 1979; J.Pucelle, *El tiempo*. El Ateneo, Buenos Aires, 1976; M.M. Guyau, *La Idea de tiempo*. Tor, Buenos Aires, s/f; S. Toulmin y J. Goodfield, *El descubrimiento del tiempo*. Paidos, Buenos Aires, 1968; O.F. Bollnow, *Hombre y espacio*. Labor, Barcelona, 1969; R. Wald, *Espacio, tiempo y gravitación*. Fondo de Cultura Económica, México, 1982; P.C.W. Davies, *El espacio y el tiempo en el universo contemporáneo*. Fondo de Cultura Económica, México, 1982.

biopsíquicos de datos para convertirlos en hechos[54], Einstein decía que están determinados por las coordinadas espaciales x, y, z, y por la coordenada temporal t.

Esto quiere significar que entre los fenómenos en bruto, o entre los hechos elaborados, construidos por el espíritu del observador, existe una relación fundamental o intervalo de naturaleza espaciotemporal. Como se indicara anteriormente, hasta la llegada de Einstein se suponía que el espacio y el tiempo eran propiedades independientes entre sí que operaban en un mundo colocado fuera de la conciencia de los observadores. Hoy el espacio y el tiempo son aspectos correlacionados de la condición básica y primaria que caracteriza al espaciotiempo.

El ejemplo, tan repetido, del reloj que mide el tiempo mediante la translación de las agujas en el cuadrante, constituye un caso ilustrativo pero no correcto: medir el tiempo en función del espacio no es "empaquetarlo", o sea incorporarlo, ni generarlo. Un caso más elocuente, aunque no totalmente integral, pues en vez de relativizar al tiempo lo consume, es el del trompo en movimiento, ese antiquísimo objeto sacral cuyos orígenes se pierden en las brumas del pasado.[55] Un trompo que gira sobre su acerada púa es una materia espaciosa –y no una materia en el espacio tal cual lo advierte Zubiri[56] –puesta en acción por una maniobra del jugador. El equilibrio del trompo se prolongará por n

---

[54] Sobre la relación entre fenómeno y hecho ver D.Vidart, Para una epistemología del ambiente. *Ciencia, Tecnología y Desarrollo,* vol.5, n°3, Bogotá, 1981, pp. 301-343.

[55] En el Museé du Cinquantenaire, Bruselas, hay una copa de Hegesíbulo, siglo V A.J.C. que re´resenta, en uno de sus medallones, a una muchacha haciendo bailar un trompo mediante un latiguillo. Más ilustrativas aun son las pinturas de la caverna II de Ajanta, India, donde cuatro jugadores se sientan alrededor de dos trompos (siglo VI de nuestra era).

[56] X. Zubiri, *Sobre la esencia.* Sociedad de Estudios y Publicaciones, Madrid, 1962.

segundos según fuere la potencia del impulso recibido y su actividad cesará al sobrevenir el colapso energético que lo devuelve a la inmovilidad.

La existencia del espaciotiempo determina que la realidad –a la cual el físico, esquivando el pantano metafísico, equipara con el conjunto de los fenómenos, o sea, "lo que aparece"– se desenvuelva en un continuum de cuatro dimensiones (x, y, z). Esto significa que el proceso de la realidad es espaciotemporal. Dicho proceso unitario, también denominado temporal-formal es dividido, y la ciencia lo acepta en tanto que facilita las tareas de explicación, en dos subprocesos derivados, los cuales se denominan el temporal y el espacial o formal.[57]

---

[57] La noción de espacio parece ser anterior a la noción de tiempo. El espacio óptico de la travesía y el espacio táctil, acústico, olfativo, del asentamiento configuran, en el primer caso, el ámbito abierto e itinerante de los cazadores paleolíticos, y confirma, en el segundo caso, el dintorno a-cotado y con-sagrado de los agricultores iniciales (mal denominados neolíticos). La primera alteridad estaría así determinada por la presencia del ambiente planetario; la segunda, por la presencia del interlocutor humano diferente. El Otro tiene entidad antrópica y no geocósmica. La otreidad se da entre personas y no entre personas y cosas.

El espacio-travesía y el espacio-paisaje, el uno geocósmico y el otro tecnocultural, han sido investigados por A. Leroi-Gourhan, *Le geste et la parole*, t.2°, *La mémoire et les rythmes*, cap. XIII, Les symboles de la societé, A. Michel, Paris, 1965. Consúltense también los interesantes planteamientos de G. Gusdorf, *Les sciences humaines et la penseé occidentale, t.2°, Les origines des sciences humaines*, cap. V, L'espace-temps vécu, Payot, Paris, 1967.

Los espacios diacrónicos del nómada patriarcalista, regido por la orientación de las estrellas y el imperio de los dioses uránicos, y el espacio sincrónico del sedentario labriego matriarcalista –uncido con sus bueyes al ritmo de las estaciones, y obligado a conjurar los espíritus *ctónicos* con sacrificios sangrientos– tienen distinto signo pero idéntica prioridad sobre la noción del tiempo, la cual, en tanto que categoría, se impone con la irrupción de la *polis*, de la *urbs*. Hay todavía en los lenguajes de raíz indoeuropea y de raíz semítica resonancias puntuales de aquellas

Siguiendo de cerca los razonamientos de White[58] puede decirse que el subproceso secundario de las relaciones temporales se desarrolla en la línea de la sucesión y abarca una serie ordinal de acontecimientos que por comodidad pueden llamarse históricos, puesto que la historia sólo debe entenderse como privativa de la naturaleza humana.[59] De este modo cada acontecimiento es único e irrepetible. No podrán repetirse la formación del plegamiento huroniano, ni la aparición de los mamíferos, ni la invasión de los mongoles de la Horda de Oro, ni la Revolución Francesa. Este subproceso, en suma, se refiere al no canjeable ni sustituible *cuándo*, ya en el orden de la cronología relativa, ya en el orden de la cronología absoluta.

El subproceso de las relaciones espaciales se refiere a la estructura y a la función, caracterizadas por la repetición y reversibilidad de los fenómenos. La estructura de cuenta de *dónde* se produce y la función del *cómo* se opera. La estructura tiene que ver con las constantes y la función con las

---

antiquísimas vivencias primarias asentadas en la extensión. Dichas vivencias, teñidas de afectividad, brotaban del *topos* en cuanto que este era considerado como un islote benéfico, protector, ordenado, grato a los dioses –*todo espacio es sagrado*, decía Plotino– en medio de los temibles océanos del *Cronos*, aún perturbados por los oleajes del *Chaos*. Es por ello que no decimos «de entonces en adelante» sino «de aquí en adelante» para referirnos al comienzo de un período; un intervalo (de *inter-vallus*, espacio entre empalizadas, entre paredes) es una pausa temporal; *before*, en inglés, quiere decir «frente a» del mismo modo que *lifney* en hebreo significa «de cara a»; *danna*, voz sumeria, de medida de longitud (espacio), pasa luego a designar una parte del día, (tiempo). Ver M. Jammer, *Concepts of Space*, Harvard University Press, Cambridge (Mass), 1954

[58] L. White, *The science of culture*. Grove Press, New York, 1949.

[59] La historia en sentido estricto, que es el sentido pleno, ya en su calidad de historia vivida (*res gestas*), ya en su calidad de historia contada (*rer um gestarum*), constituye la sucesión temporal, y dotada de sentido, de los hechos humanos. La Historia Natural es la cronología de la naturaleza; la historia, *tout court*, es, como decía Croce, la «hazaña de la libertad». Libertad frente a necesidad, plan frente a azar: he aquí la dicotomía animalidad-humanidad.

variables de los sistemas concretos, orgánicos o mecánicos, determinísticos, y por ende materiales, y de los sistemas abstractos, inmateriales, matemáticos o simplemente mentales, etc. Dichas constantes pueden ser establecidas a partir de las estructuras de los átomos y las células hasta llegar a las de las gramáticas o los Estados. En estos espacios interobjetuales o geométricos, sensibles o simbólicos, psíquicos o extensos –la gama es muy rica y los hombres nos complacemos en multiplicarla y complejizarla de continuo– las estructuras de los sistemas cerrados, semicerrados o abiertos repiten una y otra vez, al margen de la historia y la individualización las operaciones rutinarias de los subprocesos: los estómagos digieren, las clases sociales se constelan en figuras pugnaces o asociativas, los planetas revolucionan en sus órbitas y retornan a su punto de partida, etc.

Las funciones reversibles siempre son idénticas al patrón impuesto por los códigos y ajustado por los reglamentos. Las estructuras deben, en consecuencia, ser conservadas; no hay lugar para las sorpresas y novedades de la historia. La historia es la irrupción de lo maligno, del cambio que altera y desnaturaliza la trama inmemorial de las relaciones humanas. De ahí el ahistoricismo de los funcionalistas en el campo de las ciencias sociales. Cuando aparece la dis-función se apela, en teoría, a la terminología patológica y se recomienda la terapia, la intervención quirúrgica: todo cambio supone subversión, si no revolución, y debe ser extirpada la causa del mismo. Reprimir, suprimir, marginalizar: he aquí la praxis de un procedimiento muy antiguo y muy conocido desde la degollación de los Santos Inocentes hasta la doctrina de la Seguridad Nacional.

Finalmente Einstein nos hace penetrar en el aula magna del proceso espacio temporal primario, sin cortes ni soluciones de continuidad, sin la retórica de la física clásica ni los anacronismos autoritarios de la filosofía. Se trata del proceso evolutivo que con el paso del tiempo altera las formas y las esencias de todo lo que es en el Universo.

Las relaciones espaciotemporales son simultánea y recíprocamente significativas. Resultan del producto *et* y no de la sumatoria *e* + *t*. Cada una de las relaciones es relevante en términos de la otra: el espesor de un terreno sedimentario informa acerca de la duración del mismo en tanto que su ubicación con respecto a los superiores o inferiores en el hojaldre geológico lo relaciona con la cronología general de la litosfera; la difusión de la cruz gamada entre las culturas del Viejo y el Nuevo Mundo revela la gran vejez de los mitos y símbolos solares. O sea, que el espacio vertical u horizontalmente considerado mide la duración en el tiempo y que el tiempo incrementa las dimensiones del espacio significativo con él relacionado. Esto supone que la evolución conlleva una modificación temporal de las formas. Por su parte la modificación cuantitativa acarrea una modificación cualitativa. Así, a partir de las estrellas nació la Tierra, y a partir de la vida unicelular surgió el hombre, y a partir de las hordas cazadoras de la prehistoria brotaron las civilizaciones postindustriales de nuestros días.

Si bien el proceso evolutivo no pasa dos veces bajo un mismo puente, lo cual también sucede con el subproceso temporal al que hemos denominado pragmáticamente proceso histórico, sucede que dicho proceso evolutivo tiene una característica única: la historia puntual es un accidente dentro de la sustancia de la evolución, aristotélicamente hablando. Dicho de otro modo: el flujo de la evolución convierte a los hechos históricos en registros simultáneos y concomitantes dentro de su corriente.

Muy distantes entre sí, uno en Köningsberg y otro en París, sin contactos epistolares, Kant y Laplace proponen un modelo semejante para explicar el nacimiento del sistema solar. Esto significa que la evolución de los conocimientos científicos había alcanzado en aquella época (tiempo) y en dos lugares distantes entre sí (espacio) una madurez que hacía inevitable la convergencia de hipótesis similares. Pero el imperio de la evolución es aun más drástico: si Darwin no hubiera existido, Wallace hubiera sido el campeón biológico de la era victoriana. He aquí una explicación de lo que es *Zeitgeist*, el espíritu del tiempo. Este espíritu, este aire, este consenso de las mentes, causa y consecuencia de la evolución de las ideas, reproduce en el orden humano lo que sucede con las isomerías de las moléculas y la novación de las estrellas.

No obstante lo que hasta ahora hemos recordado, según las enseñanzas de una ciencia que es autocorregible y falible, será menester que separemos el tiempo del espacio al estudiar sus vinculaciones con los juegos. Si partimos del canon humano (las mesomagnitudes), debemos aceptar las distorsiones impuestas al tiempo y al espacio físicos por el tiempo y el espacio psíquicos o, si se trata de profundizar en el meollo antropológico, por el tiempo y el espacio socioculturales. Se podrá ver entonces cómo operan y se interrelacionan dialécticamente dos modalidades: la existencial, la vivida, la afectiva, correspondiente al tiempo y espacio interiores y simbólicas, y la operativa, la mensurable, la homogénea, gobernada por el tiempo y el espacio externos, correspondientes a la extensión física tangible.

Miniatura persa del siglo XIV mostrando una partida de ajedrez.

V. El juego en el tiempo

Las relaciones del juego con el tiempo son múltiples y, para emprender su examen, conviene plantear una serie de preguntas a los efectos de inquirir por las posibles respuestsas y, en consecuencia, dejar de lado lo puramente hipotético.

Las preguntas iniciales son las siguientes: ¿Es el juego anterior a la cultura y existe, por lo tanto, una instancia prehumana relacionada con el juego de los animales? ¿Cuándo empezó el hombre propiamente a jugar? ¿En qué momento un grupo social tuvo conciencia de que su conducta era lúdicra y no ritual? ¿Cómo han evolucionado, a partir de lo sagrado, los juegos tradicionales que practican los niños de todo el mundo? ¿Es posible reconstruir el proceso histórico del juego como actividad autónoma? ¿Qué circunstancias externas o internas lo impulsaron a desprenderse del centripetismo del culto?

Todos estos interrogantes se despliegan en la zona penumbrosa de la conjetura y nos obligan a extrapolar, a deducir, a desandar los tramos fabricados por la construcción inductiva de los conceptos y encaminarnos hacia los sistemas de inteligibilidad propios de las culturas del pasado, regidas por transacciones ambientales y axiologías sociales distintas de las nuestras.

El hombre, en tanto que hombre, ha jugado siempre. Antes del trabajo, durante el trabajo y después del trabajo. Solo o acompañado, ensimismado o alterado, en su niñez o en su juventud y edad madura, el sujeto humano desarrolla conductas no utilitarias, libres y liberadoras, pautadas o espontáneas, plenamente conscientes o en el umbral de la conciencia, pero todas ellas signadas por la magia del juego, o del juego asumido como mágica evasiva. El hombre es un animal simbólico, una criatura cultural, una encrucijada dramática donde confluyen el homínido biótico y el humánido espiritual, una entidad sintiente, pensante y volante, que sabe que va a morir y juega, quizás, para olvidarse de la muerte (aunque "*sucede que ella no se olvida*" como dice en el soneto de María Elena Walsh).

El animal no juega por más que lo hayan intentado demostrar así una serie de pensadores y de hombres de ciencia. Decir que el animal juega es antropologizarlo y desvirtuarlo. El animal, y en particular el cachorro de los mamíferos –pues nadie ha intentado estudiar le juego de los caracoles–, se adiestra y prepara para el zarpazo o la huida. Es un fragmento del ecosistema y como tal afina sus réplicas ambientales y aguza el repertorio biopsíquico guardián de la supervivencia. La imagen clásica de la eléctrica estampida de las gacelas jóvenes, siempre listas para la fuga, o la del merodeo felino de los cachorros de león, ejercitándose para el salto carnívoro –estereotipos que trasuntan una pertinaz ideología darwiniana– han sido atemperadas por las de la colaboración intraespecífica y la ayuda mutua interespecífica. Pero sea cual fuere la última realidad de la naturaleza zoológica en los extremos de la lucha a muerte o del sosegado reciclaje de la materia en el irreversible flujo de la energía, podemos afirmar que los espacios y los tiempos del animal que afina sus reflejos mientras retoza y se apercibe para apresar o para no ser apresado, no son los del hombre que juega. El espacio del animal es un ámbito vital, un área nutricia, un territorio significativo, mientras que el tiempo, su tiempo, es el que transcurre entre las somnolientas digestiones y las exigencias del hambre, es decir, un lapso fisiológico. Fijemos nuestra atención, pues, no en el animal con el que compartimos los humanos la clase *Mammalia* y en particular el orden *Primata*, sino en el grácil antepasado del hombre que, contrariamente al asesino que proponen Ardrey y sus secuaces violentistas[60,] era un cazador solidario con su grupo, tal como sugiere Leakey hijo de un atractivo

---

[60] D. Mainardi, *L´animale culturale*, Rizzoli, Milano, 1974. Mainardi pertenece al grupo de naturalistas antropologizantes que, ampliando excesivamente el concepto de cultura, procuran hominizar al animal, dotándolo de una especie de protocultura. El otro grupo. Con Adrey a la cabeza, rebaja al hombre a la categoría de animal agresivo y hace del asesinato la clave de la condición humana. Mainardi, por lo menos, admite que el único animal que progresa es el hombre y se remite a la definición del progreso dada por un sociólogo contemporáneo. (L. Sklair, *The sociology of progress*, Routledge & Kegan Paul, London, 1970). El progreso para Sklair es *«la meta, temporal o permanente, de una acción social que permite ir de una solución menos satisfactoria a otra solución más satisfactoria de los problemas del hombre que vive en sociedad »*. Inspirados en S. Freud y sus ideas sobre la agresión, particularmente expresadas en *Das Unbehagen in der Kultur*, 1930, los autores etologizantes han transformado el *«malestar en la cultura»* en el fundamento de la violencia, partera de la hominización del hombre. En dicha línea figura el citado R. Adrey que, de dramaturgo, pasó a ser el apóstol de la *«lucha ritualizada»* (esta frase pertenece a Lorenz). La dudosa fama que hoy disfruta en ciertos círculos este descendiente intelectual de Calicles proviene de una serie de libros traducidos a todos los idiomas: *African Genesis*, W. Collins, London, 1961; *The territorial imperative*, W. Collins, London, 1967; *The hunting Hypothesis. A personal conclusión concerning the evolutionary nature of man*, W. Collins, London, 1976. A propósito del citado K. Lorenz, el Gran Pope científico de la agresividad etológica del reino animal, extrapolada luego insidiosamente al reino humano, cito alguno de sus más difundidos libros: *King Solomon´s Ring*, Methuen & Co., London, 1952; *On aggresion*, Metheun & Co., London, 1966. Conviene también consultar D. Morris, *The naked ape*, Cape, London, 1967 y N. Tinbergen, *Social Behaviour in Animals*, Metheun & Co., London, 1953. Una representative antología de los autores que revistan en tales tendencias es la de J.D. Carthy and F.J. Ebling, *The Natural History of Aggresion*, Academic Press, London-New York, 1964. Para una acertada crítica de estos embozados ideólogos de la guerra y el dominio del hombre por el hombre, que en definitiva se inspiran en el *homo homini lupus est* (o sea la desencantada línea Plauto-Bacon-Hobbes), ver J.Lewis and B.Towers, *¿Naked Ape or Homo sapiens?*, Garnstone Press, London, 1969.

paleontropológico.[61] Estos australopithécidos, cuyas pisadas en las cenizas en Laetoli revelan una antigüedad de más de tres y medio millones de años, deambulan por las etapas sudafricanas en búsqueda de animales de carne roja. Segú indudables testimonios arqueológicos los descendientes de aquellas criaturas, de las cuales surgieron el *Homo habilis* en primer lugar y más tarde el *Homo erectus* de Turkana, desplegaban actividades concertadas y maniobras cinergéticas colectivas. Así lo testimonian los cercados de piedra y otros indicios hallados al aire libre, donde otrora se extendían las estepas empastadas, ricas en herbívoros.

Las actividades de caza presuponían movimientos de ojeo, maniobras ensayadas, gritos-guía (¿es la caza la madre del lenguaje?) y gestos indicativos. Esta especia de danza venatoria de la cacería –cuyo traslado al ceremonial ritualiza los procedimientos de la magia– constituía un "ritmo socializante"[62.] Dicho ritmo debe haber creado figuras lúdicras, ocurrencias temperamentales, pasos y ademanes superfluos, es decir desbordados, mediante los cuales ciertos individuos, recortándose sobre el fondo mecánico del grupo, improvisaban una coreografía jubilosa para celebrar la personal hazaña del abatimiento de la presa.

A partir del drama de la cacería, de los ritmos y tarareos que pautaban tanto la fabricación cuanto la práctica de las armas, y la mímica corporal, imitativa y creativa a un tiempo, se genera una actividad simbólica que define los caracteres de la naciente naturaleza humana. Comienza a fluir el agua fresca del juego, configurando el trasunto de un quehacer autónomo que deviene de ser-en-sí en ser-para-sí. Con las primeras libertadores creadoras que se apartaban de lo utilitario y lo mágico –que también rea utilitario en grado sumo– surge la

---

[61] R.E. Leakey, *The Making of Mankind*, M. Joseph, London, 1981.

[62] A. Leroi-Gourhan, *Le geste et la parole*, vol. II, *La mémoire et les rythmes*. A. Michel, Paris, 1965.

gratuidad de lo lúdicro, a caballo entre la ensoñación y la norma, desprendiéndose progresivamente de las estructuras biologizantes de una sociabilidad recién emancipada del ecosistema. Al liberarse de la estameña rígida del mito que explica e instaura y del rito que conserva y restituye, los seres humanos aprovecharon los resquicios del culto para convertir la fiesta en juego, la magia danzante en vértigo y la circularidad de la ronda –que reproducía la geometría del horizonte primero y del cosmos después– en engarce para el repentinismo creador de la persona, ese microcosmos encarnado en el Yo en estado naciente.

Mito, rito, culto, fiesta[63]: la dictadura de las orientaciones espaciales del orden celeste, que se refleja en el orden terrestre

---

[63] Sobre la fiesta y el «sentimiento de festividad» consultar las penetrantes páginas de K. Kerenyi, *Op.cit.* (ver nota 7), cap.2°, *Sobre la esencia de la fiesta*, donde se ubica el catolicismo entre las «*religiones de fiesta*» mientras que el protestantismo es colocado en el «*polo opuesto*». Luego de reconocer en la experiencia de la fiesta «el germen sustancial» que engendra las dos parejas arte-ciencia y magia-religión Kerenyi expresa: «*Se trata ahora de entender aquella paradoja de lo festivo, aquella originaria atmósfera común que se revela combatible a la vez con el arte y la ciencia, con la religión y la magia. Dicha paradoja fue anteriormente elucidada cuando dije que quien se somete a la fiesta y su coacción se convierte en partícipe del libre juego de los dioses. Este fenómeno se halla vinculado con la religión, por lo menos con la de los pueblos primitivos, y llega hasta el ámbito del cristianismo en la Edad Media.*

Veamos ahora el fenómeno juego, en tanto que juego en sí supone la mayor coacción y la mayor libertad. Supone una coacción grande pues el jugador no puede desentenderse de un mundo de sortilegios, que lo hechiza en tanto que peculiar realidad espiritual. Los niños, cuando juegan a los soldaditos, viven en un mundo militar, así como las niñas que juegan a las muñecas viven en el mundo maternal. En cambio están a salvo de todo pensamiento que procure una utilidad mundanal: el juego carece de utilidad. Al llegar a este dominio es lícito hacer un paralelo con la ciencia. Juega a su modo el sabio cuando se da por entero a una porción de mundo elegida por su voluntad y desecha todo pensamiento utilitario que pueda trabar la libertad de su investigación. Pero la libertad del juego es más grande aun pues introduce el factor capricho, ante el cual se detiene la ciencia. El jugador hace de todo el mundo su propio mundo y, como el juego es todopoderoso, se convierte en el hacedor divino de dicho mundo. En tal sentido puede equipararse el juego con la magia. Pero la magia es utilitaria y el juego no lo es: en eso se diferencian. De tal modo la libertad del juego es aéreamente libre no obstante que establece una vinculación volitiva. La existencia lúdicra es, por lo tanto, más liviana, más insustancial, más feliz que la existencia festiva»

Son también muy interesantes las páginas que R.Caillois dedica a la teoría de la fiesta, en tato que transgresión sagrada: *«A la vida normal, apacible, dedicada a la rutina cotidiana, alveolada en un cauto sistema de prohibiciones, donde el orden del mundo es mantenido por la máxima quieta non moveré, se opone la efervescencia de la fiesta. Si solo se tienen en cuenta sus rasgos exteriores la fiesta ofrece idénticas características en cualquier nivel cultural. Supone la concurrencia agitada y tumultosa del pueblo, de la gente. Tales aglomeraciones de multitudes propician intensamente el surgimiento y el contagio de un estado de exaltación que se traduce en alaridos, cuando las empobrecidas fiestas apenas se destacan sobre el fondo gris de la monotonía cotidiana y se las ve insularizadas, dispersas, como enmpantanadas en ella, todavía perviven míseros trasuntos de aquel frenesí colectivo de las francachelas de antaño [...] No existe fiesta alguna, aunque se trate de una fiesta mortecina, donde no concurra siquiera un fragmento de exceso y ruidosa diversión: tal sucede, por ejemplo, con los banquetes celebrados en los velorios rurales. Tanto en el pasado como en el presente la fiesta se ha caracterizado por la presencia de la danza, las canciones, el frenesí, la exageración en la comida y en la bebida. Es menester quitarse las ganas hasta el agotamiento, hasta la enfermedad misma. Esa es propia ley de la fiesta.»*

«Las fiestas, aunque dispersas en el curso del año, o concentradas en una sola estación, cumplen, aunque sean o se las imagine diferentes, una función semejante. Implican una ruptura del yugo del trabajo, son como una liberación desordenada de las limitaciones y servidumbres de nuestra humana condición. En el tiempo de la fiesta resucitan el mito y el sueño, y como tales los vivimos en toda su plenitud. Se instaura entonces una pausa, un estado, una condición, cuya norma es el dilapidar las cosas y fatigar a las personas. Se desechan los móviles interesados, adquisitivos y triunfan los del gasto: cada quien despilfarra a manos llenas el dinero, la comida, la fuerza del sexo y la de los músculos.» R. Caillois, *L´homme et le sacré*, Presses Universitaires de France, Paris, 1939.

La distinción entre ocio, fiesto y juego ha sido atractivamente calificada y ejemplificada por G. Hourdin, *Une civilisation des loisirs*, Calman-Lévy, Paris, 1961, cap. 1°, Loisirs, fêtes et jeux.

(o al revés), no puede sofocar el surgimiento de mundos personales, de sujetos que, por encima o por debajo de las reglas, violentaban el etologismo de la sociedad e inauguraban, con la insurgencia de las emociones y los voliciones, el tiempo del hombre.

Mucho más tarde los filósofos emprenderán una explícita fundación de la inteligibilidad del Kosmos y la persona humana al proponer, en el tránsito de *Mythos* al *Logos*, una revancha racionalizadora. Y lo harán muy seriamente, sin asomos de juego, no obstante la visión ludomaníaca de Huizinga que coloca al juego en el origen de la filosofía.[64] En efecto, los filósofos presocráticos, sepultureros de la Tradición, son los encargados de proponer una bifurcación de los caminos: por el uno se va a la calificación del Kosmos (coexistencia jerarquizada de sustancias naturales en el espacio, perfección, armonía y belleza), y por el otro se instituye el Mundo, lo *"vivido como tal"*, la hechura del hombre (agujero y agujereado, temporalidad y viaje, caverna abierta hacia la luz, pasaje para el camino de las almas, salida personal hacia lo Absoluto)[65.] De este modo la meditación sobre el mundo y el tiempo proviene de Heráclito mientras que la meditación sobre el Kosmos y su orden estático se origina en los eléatas, particularmente en Parménides. La totalidad, en tanto que *holon* (el sistema) y no que *pan* (la

---

[64] J. Huizinga, *Op.cit.*, escoge entre todos los protagonistas de la historia de la filosofía, a los sofistas, ubicados a mitad de camino entre los hechiceros y los juglares. Considerando que su retórica es un juego, una representación (*epideixis*), atribuye a la *antilogía*, el doble fundamento, una misión erística que sólo conviene a un aspecto de la filosofía. Quienes juzgan a los sofistas por su contradictoria enseñanza, cuando la naciente democracia helénica exigía la formación de diestros oradores, generalmente olvidan la profunda riqueza de su pensamiento, tergiversando y corrompiendo la verdadera historia de la filosofía. En este sentido ver la demistificadora obra de A.Llanos, *Los viejos sofistas y el humanismo griego*, Buenos Aires, 1969, quien los sitúa correctamente en el marco intelectual y política de su tiempo.

[65] H. Lefèvre, *Op.cit.*

sumatoria de las partes), disociada de tal manera da lugar a dos orillas en la conciencia de la realidad: la orilla derecha corresponde a las filosofías del ser, de la sustancia, de la naturaleza, de lo permanente, del espacio; la orilla izquierda, a la dialéctica del Devenir, del sujeto, del *"pensamiento pensante"*, del alma y el espíritu, de la conciencia, de lo cambiante, del tiempo en suma.

Volviendo nuevamente al juego, debe dejarse bien en claro que salvo unas pocas y desamparadas conjeturas surgidas en nuestros días para explicar *"los orígenes y su prestigio"*[66], es imposible reconstruir la tipología de los juegos *puros* que acompañaron la kratofanía, o sea la demostración del poder animal[67] en la era de la caza, desde la etapa de los

---

[66] M. Eliade, cuyas obras más importantes fueron mencionadas en una anterior, concede especial importancia a *«la idea de que la perfección estaba en el comienzo»*. La influencia de esta idea en la elaboración de los *«ciclos cósmicos»* es notoria en todas las culturas. Ver *Aspects du mythe*, Gallimard, Paris, 1963, donde, en el cap. 2° se ocupa del prestigio mágico e los orígenes.

[67] Pia Laviosa Zambottim, en una obra despareja y controvertible (*Origine e destino della civiltá occidentale*, Societá Milanese Editrice, Milano, 1957) dedica unas interesantes reflexiones a la actitud del hombre paleolítico ante la mostración del poder animal (kratofanía), exteriorizada por la *«feroz fauna del Cuaternario»*. A la vista de estas fieras el hombre sintió una mezcla de terror y admiración: *«la fuerza del animal primordial gravitaba sobre el hombre y sus sencillas reacciones mentales como un relámpago. Se trataba de una kratofanía inmediata que, al turbar y exaltar a la vez su espíritu, relegaba a las epifanías celestes a un lejano y benévolo segundo lugar»*. Un capítulo que vale la pena leer acerca de la *«gran fraternidad primitiva»* entre el hombre y el animal es el que inicia el libro de J. Debu-Bridel, *La grande trágedie du monde animal*, Hachette, Paris, 1956. Igualmente resulta provechosa en este sentido la primera parte de un estudio de R. Lewinson, *Histoire des animaux. Leur influence sur la civisation humaine*, Librairie Plon, Paris, 1953.

australopitécidos a la del *Homo sapiens* en las vísperas de convertirse en agricultor[68].

Mayores garantías de verosimilitud ofrece la interpretación de los artefactos y mentefactos de las culturas de la protohistoria agrícola en el umbral de una edad que con la escritura registraría los inicios de la concepción urbana del mundo. En este momento, particularmente en Sumeria, se articula la estructura templaria[69] del espacio terrestre a partir

---

[68] El *Homo sapiens* no es un producto reciente de la evolución. Hoy, el menospreciado *Homo neanderthalensis* ha sido admitido en el escenario de la *noosfera*, o esfera del *nous*, del espíritu, que, a partir de los presapiens de hace 300.000 años (Fontéchèvade, Swanscombe), ya señalaba el advenimiento de otra mentalidad –propiciada por cerebros de casi 1.400 cm.3– y de una probable cosmovisión antropocéntrica del mundo. Sobre el apasionante problema de la hominización como proceso y como toma de conciencia específica ver M. Harris, *Culture, People, Nature, An Introduction to General Anthroplogy,* Harper & Row, New York, 1979. Una selección del coloquio realizado en el mes de mayo de 1959 en París por el Centre National de la Recherche Scientifique es accesible en español: H. Vallois: A. Vandel et al., *Los procesos de hominización*, Grijalbo, México, 1969. Una visión no ortodoxa es la de P. Grassé, *Toi, ce petit Dieu*, A. Michel, Paris, 1971. Sobre la influencia de los utensilios y artefactos en el proceso de hominización ver S.L. Washburn, *Tools and human evolution*, Freeman &Co., San Francisco, 1960. El rigor científico y la fe cristiana se conjugan en el notable trabajo de K. Rahner-P.Overhage, *Das problema der himinisation. Über den biologischen des Menschen,* Herder Verlag, Friburg, 1965/3. Consultar también R.E. Leakey, *Op.cit.* y B. Rensch, *Homo sapiens. Vom tier zum Halbgott,* Vandenhoeck und Ruprecht, Göttingen, 1965/3.

[69] El llamado pensamiento templario (Imbellone), perteneciente al *«patrimonio mental de la Protohistoria»*, se halla presente en una serie de constantes míticas, mánticas y numéricas existentes en las tradiciones de la Edad de los Metales, en el Viejo Mundo, y en muchos pueblos de América indígena, a partir de las altas culturas andinas y mesoamericanas. Las constantes que aparecen en dichas tradiciones –narraciones– son las cuatro edades del mundo, la presencia clasificatoria del número cuatro y la tetrapartición del espacio, de las estaciones, de los miembros humanos, de los colores, de las actividades laborales, de los destinos, de las divinidades cardinales, etc. De este pensamiento surgen las ciencias: astronomía,

72

del establecimiento de los puntos cardinales, y el tiempo celeste adquiere su fisonomía cíclica, surgida sin duda de los ritmos estacionales de la luz solar, dispensadora de la buena cosechas. Las cuadrículas del espacio y la circularidad del tiempo signan las pautas de la vida laboral y festiva, que está "*llena de dioses*". Señalan también, aunque sin las directas alusiones posteriores, rígidamente institucionalizadas, el paso de la vivienda circular (que sobrevive, en la pallaza gallega) o del sitio sacral con planta también circular (los talayots de las Baleares y la mal llamada "pirámide" de Cuicuilco) a los edificios de planta cuadrada o rectangular, orientada hacia los puntos cardinales. Acá hay una especie de tránsito de las formas coloidales de la naturaleza a las geométricas de las culturas del neolítico, de lo redondeado y biótico a lo angular y artificial. Pero las cosas son más complejas aun. Los ritos arcaicos de Sumer, de las ciudades indostánicas, de las antiguas culturas chinas, de los mayas y los aztecas y en especial de Etruria –cuyos símbolos parecen haberse trasmitido, aunque empobrecidos y marginalizados, a los pueblos prealfabetos de los perímetros de la civilización– identificaban con colores, vísceras, dioses, vientos, eras, animales, etc., a cada uno de los orientes del cardo. Simultáneamente con esta tetrapartición del universo, o del espacio de la cotidianidad, se establecían el emplazamiento

---

meteorología, anatomía (vinculada con las voces del templo y anatema) y actividades tectónicas tales como la arquitectura o terapéuticas como la medicina mágica. El iniciador de estas investigaciones fue Juan Bautista Vico, seguido por Lorenzo Boturini Benaducci, Schelling, Humboldt, Leoncio Angrand, Alfredo Chavero, el Conde de Charenceym Zelia Nuttal, Walter Lehmann, Walker Krickberg y otros.

J. Imbelloni estudió exhaustivamente el tema en la serie *Religiones de América* aparecida en el Boletín de la Academia Argentina en Letras principalmente. Para una apreciación general de las ideas de Imbelloni ver R. Orta Nadal, El panorama mental de la protohistoria. *Revista de la Universidad de Buenos Aires*, año 1, n°2, Buenos Aires, 1947.

del *árbol del mundo*[70], la función sagrada del omphalos[71], el ombligo, y la correlación entre los planos del *acá*, del *arriba* y del *abajo*. La astrobiología enlaza la revolución de los astros con el destino personal de los hombres, los oráculos ofrecen el anuncio chamánico de las sibilas –poseídas, a fuerza de alucinógenos, por un trance profético– y magos especializados leen los augurios impresos en las vísceras de los animales, en la orientación del vuelo de las aves y en distintos fenómenos naturales que ocurren en el contorno. En los penumbrosos milenios anteriores al *axis* del año 3.000 a J.C.[72] nacen los antepasados de los dados, de los trompos, de

---

[70] Sobre el árbol del mundo, que en muchas mitologías es además el árbol de la vida, han escrito interesantes páginas M. Granet, *La penseé chinoise*, La Renaissance du Libre, Paris, 1925; M. Eliade, *Le chamanisme et les techniques archaïques de l'extase*, Payot, Paris, 1968 y J. Przyluscki, *La participation*, Presses Universitaires de France, Paris, 1940. Existe además una legión de autores que citar con mucho detalle no viene al caso: Nillson ha tratado el mito en la Grecia arcaica; Coomaraswamy, en la India; de Vries entre los antiguos germanos, etc. El árbol del mundo parece tener su origen mítico en Mesopotamia; este árbol se halla en el centro del Universo y sus raíces están en el Infierno, su tronco en la Tierra y su copa en el Cielo. El *axis-mundi*, en tanto que árbol cósmico, es algo distinto al árbol del mundo: es el eje uránico que mantiene la integridad estructural del Universo, impidiendo que éste se derrumbe, La presencia de los primeros pensadores y teósofos configura así, intuitivamente, lo que mucho más tarde será, en el siglo XVIII, un paradigma científico básico cual es el de la gravitación universal. Ver M. Eliade, *Traité d'histoire des religions*, Payot, Paris, 1949, cap. VIII.

[71] G. Tibon, *El ombligo como centro cósmico. Una contribución a la historia de las religiones.* Fondo de Cultura Económica, México, 1981.

[72] En esta fecha, siglo más, siglo menos, la civilización de La Media Luna de las Tierras Fértiles, extendida desde Mesopotamia a Egipto, establece, tanto a nivel de las técnicas como del pensamiento, una serie de conquistas fundamentales que recién fueron trastornadas y transformadas a partir del Renacimiento europeo. K. Jaspers, en cambio, desplaza el «tiempo axial» al período que se extiende desde los años 800 a 200 a J.C. Ver K. Jaspers, *Vom Ursprung und Ziel der Geshichte*, München-Zurich, 1949. Esta obra está traducida al español por F. Vela: *Origen y Meta de la Historia*, Revista de Occidente, Madrid, 1951. Consultar también el

los ludos, de las barajas, del ta-te-ti, de los laberintos, de las rayuelas, de las bolitas o canicas. Espacios sagrados y orientados consagran dispositivos surgidos en una encrucijada donde convergían los ritos solares, los cultos a la fecundidad y los ceremoniales para impulsar la renovación del tiempo. De estos espacios y rituales surgirán las cuatro casas coloreadas de los juegos del *patolli* y el *pachisi*, los cuatro rincones y el "cielo" del ludo, las cuatro caras de los astrágalos o tabas convertidas luego en dados, las facetas giratorias de las perinolas, las rondas de niños, los sube-y-baja, los columpios. De igual modo las figuras trazadas en el suelo para generar espacios protectores son los nichos de la magia que un día, desfuncionalizada, se convertirá en ciencia. Los fósiles de aquellas operaciones de concitación y salvación resultan ser los círculos, polígonos y rayuelas que los niños dibujan sobre la tierra húmeda o trazan con una tiza. De este modo muchos de los juegos y juguetes actuales, purgados de su originario significado ritual, trasladan al área profana supervivencias formales despojadas de su sentido originario.

El análisis antropológico y tecnológico de los juegos regulados, en particular –aunque no exclusivamente– los infantiles, revela el origen mágico-religioso de aquellos. Existen dos procedimientos básicos para efectuar dicha investigación. Uno es el de estudiar el desarrollo de los procesos lúdicro-sacrales en las grandes civilizaciones primarias del Viejo y el Nuevo Mundo y su difusión en las culturas periféricas (los bárbaros) y las civilizaciones secundarias o terciarias, según la terminología y los conceptos de A. Weber.[73] Otro es el de seguir la pista de cada juego en sí

---

conocido libro de K. Jaspers *Einführung in die Philosophie*, Artemis Verlag, Zürich, 1949.

[73] A. Weber, Kulturgenschichte als Kultursoziologie, Piper, München, 1950. La primera edición de este libro (1935) fue publicada en Holanda, durante el exilio del autor en los sombríos años del nazismo. En nuestra

o la de los artefactos y diseños espaciales que lo pautan. Así se ha hecho con el caso del trompo[74] y en múltiples escritos sobre etnología y folklore se encuentran muy interesantes, aunque en general poco sistematizados, datos sobre los instrumentos lúdicros y las operaciones conexas.

En el campo de la cultura tradicional puede comprobarse, no bien se profundice el estudio, que *"el juego es la memoria de los ritos"*. En efecto, y a modo de ejemplo entre los cientos que pueden proponerse, si comparamos el patolli de los aztecas, una cruz dividida en 52 casas –el 52 era una cifra básica en el calendario[75]– con el pachisi o parchis indostánico, las sorprendentes semejanzas revelan un mismo trasfondo, que algunos autores atribuyen a contactos transpacíficos[76]:

---

lengua existe una versión editada por el Fondo de Cultura Económica en México: Historia de la Cultura, 1960.

[74] La evolución del trompo, antiguo objeto sacral vinculado con ceremonias colectivas en «grupos estructurados» tal cual sucedía durante la Edad Media con las ceremonias realizadas *en la puerta de las catedrales, es estudiada con profundidad y erudición por J. Grange en R.Jaulin (comp.), Jeux et Jouets, Aubier-Montaigne, Paris, 1979, cap. 6.*

[75] Acerca del pensamiento cosmológico de los antiguos mexicanos y los signos y símbolos relativos a la representación del espacio y contabilización del tiempo, ver J. Soustelle, *Lé Univers des Aztèques*, Hermann, Paris, 1979. El Cap. V versa sobre dicho pensamiento cosmológico y las representaciones del mundo y el espacio. J.P. Marcus, *An Analysis of Color-Direction, Symbolism Among the Maya*, Harvard University Press, Harvard (Mass.) centra su studio en los mayas, no propiamente mexicanos sino mesoamericanos, y sugiere paralelismos culturales con otros pueblos asiáticos que utilizan idénticos o semejantes colores para señalar la tetrapartición del espacio terrestre.

[76] El problema de los contactos transpacíficos con chinos, malayos, japoneses, polinesios, etc. y su impacto en el surgimiento de las altas culturas precolombinas ha hecho correr ríos de tinta entre los americanistas. Mientras que A. Casi y otros prehistoriadores latinoamericanos, junto con los estadounidenses de la escuela del evolucionismo, sostenían la originalidad de las altas culturas, a las que consideraban como la culminación de un proceso autóctono, una serie de investigadores, particularmente europeos –Menghin, Imbelloni, Heine-Geldern, Laviosa

orientación hacia los cuatro puntos cardinales[77], el centro
umbilical[78], la función mántico-numérica de los dados, las

Zambotti, etc.-, a los que se afilió apasionadamente el mexicano M.
Covarrubias, sostenían el origen transpacífico de aquellas. Un buen
resumen de esta polémica se hallará en P. Bosch-Gimpera, *La América prehispánica,* Ariel, Barcelona, 1975. El Cap. X trata precisamente *«los
problemas de las altas culturas y de los orígenes de su arte»*, englobando a
San Agustín, con Chavín de Huantar y los orígenes olmecas, dentro de la
gran área difusionista cuya probable presencia se iniciaría varios miles de
años antes de Cristo en Ecuador, donde se señala la presencia de la cerámica
Jomon, de origen japonés, hecho actualmente negado por muy serios
antropólogos.

[77] La temática de los cuatro puntos cardinales ha recibido un amplio
tratamiento por los historiadores contemporáneos de la magia y la religión.
El espacio sagrado y orientado, a partir de la ciudad egipcia, es estudiado
con particular agudeza por G. van der Leuw *Phänomenologie der Religion,*
Mohr, Tübingen, 1933. Existe una edición francesa, más amplia: *La
religión dans son essence et ses manifestations. Phenomenologie de la
religión*, Payot, Paris, 1948. La segunda edición alemana, más cuidadosa
aun y totalmente revisada, apareció en 1956 y de pesta se efectuó la
traducción al español: *Fenomenología de la religión*, Fondo de Cultura
Económica, México, 1964. El estudio genético acerca de las razones que
determinaron el establecimiento de los puntos cardinales, cuya similitud es
universal, ha sido realizado por un filósofo e historiador de las ideas
uruguayo. Ver Arturo Ardao: Naturaleza y cultura en los puntos cardinales.
Atlántida no.9, Universidad Simón Bolívar, Caracas, 1980.

[78] Delfos, ombligo del mundo helénico, y Kosko, ombligo del imperio
incaico, y ambos además ombligos de la Tierra, son solamente dos de una
treintena de ombligos culturales que, de santuarios originarios, se
convirtieron en ciudades. Hay además ombligos talasocéntricos como la
homérica de Ogigia, la oriental de Ceilán y *Te Pito te Henúa*, la isla de
Pascua, ni tan misteriosa como lo suponen las mentes ingenuas ni poblada
por extraterrestres como lo sugieren los sensacionalistas de la literatura
ovnifílica. Ombligos son también el monte Tabor, en la Tierra, y la Estrella
Polar, en el Cielo. México, por su parte, era para sus antiguos pobladores
«el ombligo de la Luna». Los ombligos terrestres, urbanos, insulares,
orográficos, cósmicos y humanos –la importancia simbólica y erótica del
ombligo en los pueblos del Lejano Oriente es notoria- llenan de alusiones y
manías las historias sagradas de los pueblos, proclaman sus destinos
manifiestos y refuerzan los sentimientos antropocéntricos, o etnocéntricos,
de las culturas. Además del citado G. Tibon ver H.V. Herrmann, *Omphalos,*

correspondencias zodiacales, los colores mágicos de cada una de las orientaciones básicas y la prevalencia alterna de los ejes (norte-sur; este-oeste), etc.

Los historiadores de los juegos reconocen, por ejemplo, que el ludo es un descendiente directo del *pacisi* a través del puente de Irán y la actividad diseminante de los árabes. Pero hay ejemplos más ilustres, como el del ajedrez, al que me referiré de inmediato.[79]

IMAGEN

Carta de Tarot

Carta de un juego italiano. Siglo XV.

Aschendorf Verlag, Münster, 1959 y E. Wayne, Some remarks on the space and time of the «Center» in Aztec religion, *Estudios de Cultura Nahuatl*, Vol. XII, UNAM, México. 1976.

[79] El ajedrez no es un juego de azar. El azar sólo se hace presente, y esto es muy relativo, en el caso de la elección del color de las piezas: las blancas mueven primero. Se ha calculado matemáticamente que en sólo las diez primeras jugadas existen $169.518.829.100.544 \times 10^{15}$ variantes.

VI. El ajedrez, "arquitectura sin materia".

Como en la presente ocasión sería inoportuno –e imposible– descender por los escalones temporales hacia el origen de una serie juegos cuya historia ha sido reconstruida más o menos verosímilmente, vamos a intentar este ejercicio con la evolución del ajedrez. Veremos entonces cómo se suceden las etapas que van desde lo sacro-sacerdotal a lo profano-cortesano y de allí a lo lúdicro-profesional. Nos trasladaremos de tal modo desde los rituales que mantienen el equilibrio entre el Cielo y la Tierra –la tensión entre los puntos cardinales, cargado cada uno de propiedades mágicas– hasta el remedo de la estrategia guerrera, que es una forma agonal de equilibrio entre las tensiones humanas, para desembocar finalmente en las abstracciones de un juego que a nada ampara sino a su propia dialéctica, a su lucha mental contra la entropía. Cosmología primero, geometría más tarde, en tanto que esquema de la planta orientada del tempo que se jibariza en la casa y en tercer lugar, *castrum* militar en camino hacia la *urbs* en tanto que campamento sedentarizado, este juego emprende, a partir del diseño del campo de batalla extrapolado al tablero, un audaz camino hacia las operaciones improductivas de la lógica para arribar, por último, a la *mathesis*m a la ordenación pura. Esta es, en síntesis, la trayectoria histórica del ajedrez. Los citados estadios se suceden a modo de pasos que desbordando los territorios de la magia y sus conjuros conducen a una región gratuita y gratificante donde el pensamiento, liberado a sí mismo, erige una "arquitectura sin materia"[80]. De las re-voluciones de los planetas del sistema solar a las luchas por el cambio en el poder temporal (también re-voluciones que se traducen en nuevos cuerpos normativos que en definitiva son retoños del árbol del Orden) y desde este doble plinto un salto (¿mortal?) hacia las aventuras de la mente que multiplican en infinitos, repetidos espejos, el mito de Sísifo: he aquí la versión, gemela a la anterior, de una parábola de la cultura cuya esencia muchas veces se nos escapa por ignorar su génesis y sus metamorfosis.

El ajedrez tiene raíces antiquísimas, soterradas en el humus donde hizo su aparición el rey divino, en los inicios de la fundación de las ciudades tal cual lo ejemplariza la Roma quadrata. En dicho período es cuando el santuario, la vivienda familiar y el asentamiento humano colectivo comienzan a orientarse según el dictado de los cuatro puntos cardinales, cuando nace la tetralogía, muy anterior a Empédocles, de los cuatro elementos –Tierra, Agua, Aire, Fuego–; cuando se despliega, merced a los ciclos de la agricultura, el simbolismo pictórico de las cuatro estaciones, las *cardinales temporum*. Estas raíces arcaicas se extienden por los cuatro hogares iniciales de las *"civilizaciones hidráulicas"*[81], aquellos grandes oasis fluviales que, al padecer periódicamente la creciente de los ríos maternos –la pareja Eufrates-Tigris, el Nilo, los *"cinco ríos"* del Punjab, el Huang-Ho– exigieron a

---

[80] Este concepto pertenece a S. Zweig quien en El jugador de ajedrez expresa, refiriéndose a la esencia del juego: *"Es un pensamiento que no conduce a ninguna parte, una matemática que no establece nada, un arte que no deja tras sí obra alguna, una arquitectura sin materia; y a pesar de ello el ajedrez ha demostrado ser más duradero, a su manera, que los libros o que cualquier otra clase de monumento. Este juego único pertenece a todos los pueblos y a todas las épocas, y nadie puede saber de él que divinidad lo regaló a la Tierra para matar el tedio, aguzar el espíritu y estimular el alma".*

[81] K.A. Wittfogel, *Oriental Despotism: A Comparative Study of Total Power*, Yale University Press, New Haven, 1957.

sus habitantes la invención de técnicas y ciencias, la centralización del poder político y la jerarquización de las burocracias a los efectos de enfrentar los retos de la naturaleza con las respuestas de la naciente civilización. Dichos hogares no aparecen simultáneamente: la *"marcha de la civilización"*, contrariamente a lo que afirmaban los filósofos de la historia del siglo XIX, se dirige desde la Media Luna de las Tierras Fértiles (4.000 años a J.C.) –la doctrina panbabilónica dice que a partir de Sumer[82], la heliolítica[83] que a partir del Valle del Nilo– hacia las comarcas regadas por los afluentes del alto Indus (el Punjab o país de los cinco ríos), donde llega a las ciudades de Harappa y Mohenjo Daro (2.800 a J.C.) para saltar desde allí al recodo en forma de U del Huang-Ho, al sur de Gobi (2.000 a J.C.).

De acuerdo, pues, con las opiniones de los difusionistas[84] los hogares casi contemporáneos de las civilizaciones del Próximo Oriente, ubicados en Egipto y Mesopotamia tendrían que ser, poco menos que obligatoriamente, la cuna de los grandes y pequeños dispositivos de la cultura erróneamente llamada material. Y si bien no existen pruebas fehacientes, no es desacertado suponer, contra la opinión de la inmensa mayoría de los historiadores del ajedrez[85], que por allí corresponde iniciar las investigaciones.

---

[82] P. Laviosa-Zambotti, *Les origines et la diffusion de la civilisation.* Payot, Paris, 1949 (La edición italiana (1977) se publicó en Milán; W.J. Perry, *The Children of the Sun*, Methuen, London, 1923.

[83] G.E. Smith, *Human history*, Norton, London, 1929, fue el difusor de este término. Según él, la cuna mundial de la civilización se halla en Egipto.

[84] Sobre el difusionismo y los difusionistas británicos, alemanes y estadounidenses consultar M. Harris, *Anthropological theory. A history of theories of culture*, Th. Y. Crowell, New York, 1968, Cap. 14, Diffusionism.

[85] Una larga lista de estos historiadores es proporcionada por dos accesibles libros, introductorios al tema: M. Borrell, *Ajedrez brillante. Historia, Anécdotas y Curiosidades.* Bruguera, Barcelona, 1975, Cap. 1 y 2; J. Ganzo, *Historia General del ajedrez*, R. Aguilera, Madrid, 1973/3.

En efecto, la existencia de tableros semejantes a los utilizados en el ajedrez y las damas pero con distinto número de casillas, las representaciones de jugadores reales –Ramsés III y Psamético II– y palaciegos, y, sobre todo, las indicaciones del Libro de los Muertos acerca de los goces que proporcionará el juego escaqueado a los que ingresen en la inmortalidad, nos lleva a suponer que, por lo menos 2200 años a J.C., ya existía un antecesor del ajedrez en Egipto. Es casi seguro también que antes de ser una distracción para faraones y altos funcionarios este juego de tableros parcelados y orientados –como los "nomos", como los terrenos de labor, como las viviendas divididas en "cuartos"– desempeñaba funciones mágicas y rituales. De no ser así no habría figurado entre las recompensas nunca extinguidas que hacían placentera la vida de ultratumba. Pero fuera de los mencionados trasuntos no hay certeza alguna acerca de los significados precisos de tales juegos ni subsisten indicaciones sobre sus reglas.

Un predicador es espantado a balazos de una mesa de juego. Dibujo de la revista estadounidense *The Illustrated Police News*. (Siglo XIX)

Antes de dirigirnos hacia el Extremo Oriente, donde las pistas son más claras y más recientes, es conveniente prevenir acerca de un error reiterado que vicia no solamente los orígenes del juego del ajedrez, sino los de muchos dispositivos privilegiados, llamémoslos así, pertenecientes a los precipitados materiales de la cultura. En efecto, no debemos creer en las múltiples leyendas acerca de inventores que, *ex-nihilo*, extrajeron de las fábricas de su ingenio al ajedrez tal cual lo conocemos, o poco menos. Los tableros y sus casillas orientadas –el escaque inferior a la derecha del jugador debe ser siempre blanco–, las piezas simbólicamente coloreadas, las antiguas denominaciones cósmicas de algunas de ellas y muchos otros detalles demuestran la profundidad protohistórica –esto es, neolítica– de dichos trebejos y el origen sagrado, ritual, de tales prácticas. En consecuencia, no existieron inventores individualizados aunque, sin duda, hubo sistematizadores y perfeccionadores de viejos ritos. Dichos personajes fueron sin duda integrantes de las elites intelectuales y artísticas que hacían más amenas las horas de los gobernantes de las sociedades esclavistas. Cuando se inició el proceso de secularización de las maniobras mágicas realizadas en un espacio orientado y dividido en porciones simbólicas no se pudo prescindir de las alusiones condensadas en el tablero del ajedrez, donde vida y muerte miden sus fuerzas: un esquema del ámbito terrestre ordenado según los cuatro rincones del mundo; un modelo abstracto de la ciudad en tanto que reiteración de aquel en el orden político, una réplica del campo de batalla en tanto que isomería polémica de las estructuras anteriores. Por eso no debemos creer, como algunos ingenuos y acríticos historiadores del ajedrez lo hacen, en las leyendas personalizadoras que señalan el dios egipcio Thot, al emperador chino Wu-ti, a la favorita de un rey de Ceilán o al griego Palamedes, entre otros, como los inventores del juego en circunstancias muy especiales: aburrimiento, enfermedad o melancolía de un personaje ilustre.

De todos modos es legítimo pensar que hubo una región donde un juego cortesano practicado por múltiples generaciones palaciegas fue adquiriendo una fisonomía semejante a la del ajedrez actual. Esto parece haber sucedido en la India o en la China antiguas.

La mayoría de los historiadores que han reconstruido la historia del ajedrez se inclinan por la primacía indostánica pero hay antecedentes que, ami juicio, hacen pensar en la prioridad de los chinos.

Si se toma en cuenta el juego de imágenes chino denominado *sian-ki* o *sian-shi*, juego real o de los elefantes, lo cual indica una trasculturación de la India pues en la China de las 18 provincias no había tales paquidermos, aparece con claridad el antecedente indostánico. Pero en la China se jugaba con anterioridad un juego astral, cuyas piezas representaban al Sol, a la Luna y a los planetas hasta entonces identificados. Aquí aparece con claridad la primera etapa del juego cósmico, del ritual conservador del orden astrobiológico a los efectos de lograr, mediante la renovación de la naturaleza, la abundancia de los alimentos y el mantenimiento de la vida humana.

En una segunda etapa los astros del sistema planetario son sustituidos por los protagonistas de la guerra, los representantes delo poder y de la muerte violenta: un general, dos ministros, elefantes, carros, caballos y soldados. Es posible que en esta transformación haya pesado la influencia del *chaturanga* indostánico y su temática bélica. De tal modo el pre-ajedrez desciende del sideral escenario de los astros al escenario secular de los campos de batalla. Y comienza entonces un camino que desembocará en la refinada abstracción de nuestros días.

El *chaturanga* inicia en la India antigua, 800 años a J.C., el esplendor de lo que en su nieto, el ajedrez, culminará con el nimbo de una complicada– y a la vez tersa– estrategia. Los historiadores del ajedrez que describen las características del chutaranga por lo común no preguntan por sus ocultos programas rituales, solamente visibles para los etnólogos familiarizados con los mitos y cultos de los orígenes. El chaturanga, del sánscrito *chátur*, cuatro, y *anga*, temas, partes, manos o puntos cardinales (los rincones del mundo), que todo esto junto cabe en el término, constaba de un tablero de 64 escaques y cuatro ejércitos compuestos cada uno por un rajá, un elefante, un caballo y cuatro peones o soldados. Los cuatro ejércitos se concentraban en cada uno de los cuatro ángulos del campo y formaban alianzas, dos contra dos. Los ejércitos del sur verde y el este rojo combatían contra los del negro norte y el oeste amarillo. Los pasos de las piezas, establecidos por reglamentos previos, eran comandados por el azar de los dados. No obstante la sagacidad del jugador se encargaba de compensar la ceguera del azar con la mirada interior del discernimiento.

Hasta aquí llegan los historiadores del ajedrez. Pero si hubieran consultado a los especialistas en mitología éstos les habrían explicado que aquellos puntos cardinales y colores no eran fruto del capricho brahamán Sissa, a quien se atribuye el invento del chaturanga, sino producto de lo que en páginas anteriores se denominará "pensamiento templario" y que tal vez tiene muy poco de pensamiento y sí mucho de tradición mágica obedecida ciegamente.

Los primeros testimonios de esta tetrapartición del espacio responden a una concepción ordenada del mundo que de caos agresor se convierte en un sistema dominable. Esta concepción del mundo exhibe sus primeros testimonios arqueológicos en Sumer y se hace obsesiva en Etruria[86]. En

---

[86] El estudio cuidadoso del hígado y las otras entrañas (*exta*) de los animales sacrificados dio origen a las técnicas de los arúspices –que en etrusco se denominaban netsvis–, quienes realizaban sus maniobras adivinatorias a partir de la tetrapartición del espacio. Véase a Grenier: *Les religions etrusque et romaine*. col. Mana. P.U.F. París, 1948.

86

Sumer, en el tercer milenio antes de nuestra era, se comienza a construir santuarios de planta cuadrada, con los ángulos orientados y el cuerpo piramidal. El perfeccionamiento simbólico, astrológico y, por ende, arquitectónico de estos modelos primigenios daría lugar a sucesivas generaciones de ziggurats levantados en las más importantes ciudades mesopotámicas. Aunque la bóveda del cielo aparece como un hemisferio soldado al horizonte y la visión de ese horizonte en una llanura proporciona un panorama circular que convierte al observador en el centro, en el ombligo del paisaje y del mundo –así se generan el egocentrismo y el etnocentrismo del hombre– la visión ritual de la Tierra y del Kosmos, o sea la cuadratura del círculo, fue impuesta por la sacralización de los cuatro puntos cardinales. Hay pruebas en tal sentido y debo remitirme a ellas para justificar las anteriores afirmaciones.

En la India antigua, según cuentan los libros sacros, hubo una lucha mítica entre los dioses del mundo cuadrado y los demonios del mundo circular. En tal sentido Hocart dice: "*El túmulo donde descansan los muertos tiene forma cuadrada. Los Dioses y Demonios descendientes de Prejapati combatían por el dominio de los extremos de la rosa de los vientos. Los Dioses despojaron a sus enemigos de los rincones y los derrotaron. De tal modo quienes reverencian a los Dioses construyen túmulos cuadrados mientras que los adoradores de los Demonios los siguen haciendo circulares*". Aquí se hace patente el simbolismo de los puntos cardinales: los Demonios estaban en el Oriente y sus seguidores eran "los orientales". Ahora bien, la concepción templaria del universo es más pertinaz que el simple testimonio de los sentidos: "*la doctrina oriental construye los túmulos según la forma visible del universo, y esto nos lleva a sospechar que este era el concepto originario. No obstante, las «cuatro esquinas» habían cobrado tal predominio ritual entre los occidentales que estos no tenían reparos en aniquilar la diferencia existente entre el túmulo y el mundo tal cual se percibe con el objeto de asegurar la concordancia con el mundo tal cual se concibe".*[87]

En otro de sus estudios, Hocart proporciona explicaciones aun más completas acerca de las luchas entre los distintos puntos cardinales y las potencias míticas en ellos residentes. *"Las relaciones existentes entre el mito y el ritual pueden ilustrarse mejor recurriendo a las palabras del propio ritualista indostánico. Al referirse al rito de la circunambulatio con el Soma, la planta de donde se extrae la bebida sacrificial –Soma es un dios, un rey, una planta y una bebida al mismo tiempo, y debe circular en el sentido de las agujas del reloj o en el orden que se sirve el oporto después de la cena entre nosotros– el ritualista se refiere así al precedente que sustenta el rito: «los Dioses y los Demonios combatían entre sí por el dominio del mundo. Combatieron primero por la región del este y los Demonios expulsaron de allí a los hombres. Lucharon luego por la región del sur y los Dioses fueron desalojados nuevamente». Así, continuaron combatiendo por los puntos de la rosa de los vientos hasta que lucharon por la región del nordeste y de allí no fueron expulsados los Dioses. Esta sería entonces la región inconquistable para los Demonios. Los Dioses dijeron entonces: «por no tener un Rey hemos sido vencidos; nombremos un Rey para no ser más derrotados. Y nombraron rey a Soma, conquistando bajo su conducción todas las regiones». De tal modo quien hace un sacrificio vuelve a tener a Soma como rey, y al colocar a Soma sobre el carro mira al este, el este es conquistado por Soma. Y cuando describiendo un círculo se dirige a la región el sur, el sacrificante también la conquista [...] Poco a poco nos vamos dando cuenta que el objetivo del sacrificante es lograr el dominio del mundo en su totalidad, pero no un dominio*

---

[87] A.M. Hocart, *Kingship*, Oxford, 1927. Citado por Lord Raglan, *The Temple and the House*, Routledge and Kegan Paul, London, 1964.

temporal sino ritual. En definitiva, trata de someter a su imperio las fuerzas naturales para asegurar la abundancia y la vida. El mundo está compuesto por cuatro partes o regiones y quien obtenga el dominio de esas partes se asegura el dominio total de la Tierra y sus productos. De tal modo el sacrificador procede a la conquista sobrenatural de las regiones del mundo según un orden cósmico prefijado: el del camino del Sol alrededor de la Tierra. Pero el triunfo se obtiene sólo si el rey divino se pone al frente de los ejércitos ".[88] El rajá del chaturanga es el rey y el dios a la vez; los cuatro rincones del tablero son los cuatro puntos cardinales; el combate se entabla con fines rituales pues remeda las encarnaciones del Bien y del Mal. En definitiva, el juego es un sacrificio, o el simulacro de un sacrificio que sigue ejerciendo una función docente entre los hombres al recordarles la estructura del Universo-Mundo y las operaciones para lograr el bienestar mundanal, hijo del trabajo y no de la dádiva.

Para aclarar el simbolismo de los colores adjudicados a los rumbos de los puntos cardinales conviene recurrir a otra autoridad en materia mitológica. En tal sentido Lord Raglan, resumiendo un importante conjunto de testimonios arqueológicos y etnográficos, dice: *"Según las escrituras indostánicas las cuatro esquinas del mundo están guardadas por cuatro dioses y las* Brahmanas *hablan de rituales a los efectos de que el rey, al cumplirlos, realice la re-creación del mundo y sus cuatro cuartos. Las creencias busdistas aludan a los cuatro reyes-demonios o* Iokopalas *que defienden los cuatro cuartos del universo, dotado cada uno de un color específico. Se cuenta también que los emperadores legendarios de China habían logrado el dominio de los cuatro cuartos del cielo, que a menudo representaban cuatro espíritus, a saber: el Tigre Blanco del oeste, el Dragón Verde*

---

[88] Id. *The life-giving myth*, Methuen, London, 1952.

del este, el Pájaro Azul del sur y el Guerrero Negro del norte. En los tiempos de la dinastía Han, las clases gobernantes adornaban sus ataúdes con los cuatro animales que simbolizan los cuatro cuartos, sobre los cuales brillaban un Sol de oro y una Luna de plata. Por los demás es sabido que la esfera celeste fue dividida en cuatro cuartos a partir de una muy remota antigüedad [...] mientras que no hay comarca alguna de la Tierra que pueda ser fecundada por el Cielo si los cuatro cuartos no actúan a la vez sobre dicho lugar. [...]. En México, el reino de los tabascos se hallaba dividido en cuatro partes, cuyos gobernantes representaban casi seguramente los cuatro vientos [...] En las danzas sacrales actuaban cuatro sacerdotes vestidos con los colores de las nubes: blanco, amarillo, amarillo, rojo y negro [...] Entre los hopis, pertenecientes a los indios Pueblo, el altar de arena tiene un cuadrado blanco interior bordeado con franjas de color amarillo, verde, rojo y blanco que representan los cuatro puntos cardinales. Sobre el cuadrado del centro se ciernen cuatro imágenes que representan las nubes de lluvia y de dichas imágenes se desprenden cuatro serpientes que simbolizan los relámpagos. Los cuatro cuartos del cielo están indicados por cuatro calabazas llenas de agua que se hallan en la base edl altar. En la ceremonia de los cuatro postes celebrada por los indios pawnis skidi [...] aquellos representaban a las estrellas y las estaciones y estaban pintados de blanco, rojo, amarillo y negro".[89] No hay necesidad de seguir con las citas. La tetrapartición coloreada de la Tierra y el universo es una constante en múltiples mitologías del Viejo y del Nuevo Mundo y no corresponde discutir aquí si se trata de una convergencia evolucionista o de en fenómeno difusionista. El hecho es que infinidad de testimonios arqueológicos, etnográficos y aun literarios –la reiteración de los cuatro puntos cardinales en los libros proféticos de la Biblia– comprueban que una concepción

---

[89] Lord Raglan, *Op.cit.*

90

templaria alveolada en viejos mitos, a los que debemos considerar como prefilosofías del espacio y del tiempo, se refleja vivamente en el chatarunga indostánico. A la luz de esta interpretación estamos en condiciones de entenderlo en tanto que supervivencia sacro-lúdicra y no juego inventado por un visir o una hetaira.

En el área de las culturas orientales hubo otras expresiones del pre-ajedrez. Birmania lo conoció con el nombre de chitarem y Japón como Juego del General Schoo (Seo Schoo-gi). Pero es en Irán donde se debe buscar la fuente del juego-ciencia (¿o juego arte?) que tan duramente fuera vapuleado por Poe, el defensor del juego de damas.[90] Según un relato del poeta persa Firdusi, el *chaturanga* se introdujo en Irán en el siglo VI de nuestra era desde la India y su nombre primitivo se deformó, convirtiéndose en xhatrang. He consultado otras versiones, las cuales dicen que se denominó shah-mat, y de aquí el jaque (jeque, sha, rey) mate existe un pequeño salto, ni siquiera semántico. Cuando la ola de la expansión islámica alcanza a Persia, la anega y llega hasta la India, el reflujo trae consigo la novedad de este juego que, con el nombre de as-setrench, se convertirá más tarde en nuestro ajedrez.

Hemos explorado el eje China-India-Persia-Arabia, el cual parece proporcionar la pista correcta para rastrear los antecedentes históricos del ajedrez, pero resta aún examinar los antecedentes egipcios cuyas influencias parece haberse expandido por el mar Mediterráneo antes de que llegaran los

---

[90] En efecto, en *Los crímenes de la calle Morgue*, Poe dice en un proemio sobre la "*inteligencia analítica*" que "*el máximo grado de la reflexión se ve puesto a prueba por el modesto juego de damas en forma más intensa y beneficiosa que por toda la estudiada frivolidad del ajedrez. En este último, donde las piezas tienen movimientos diferentes y singulares, con varios y variables valores, lo que sólo resulta complejo es equivocadamente confundido (error nada insólito) con lo profundo. Aquí se trata, sobre todo, de la atención*". En las damas, en cambio, se revela una "*perspicacia superior*".

árabes con el ajedrez a Europa. También deben ser tenidos en cuenta los posibles juegos escaqueados del área mesopotámica de los cuales no se han hallado, que yo sepa, pruebas arqueológicas, si bien existen referencias de cronistas medievales que señalan a Caldea como patria del ajedrez. Pero, dejando de lado estas tenues indicaciones, es en Grecia donde quizá haya que buscar la confluencia de ambas tradiciones, la egipcia y mesopotámica. En Grecia había por lo menos dos tipos de juegos en tableros. Uno era el petteía, cuyos escaques remedaban las "manzanas" de la ciudad, limitadas por las "cuadras", y por ello el tablero se denominaba polis. El otro, el más serio candidato a ser primo lejano del ajedrez, era el zatrikion que se jugaba también en un tablero, si bien a fuerza de dados. Ambos juegos parecen haber sido introducidos en distintas épocas: el primero, muy tempranamente, tal vez desde Egipto, aunque sin desdeñar el posible puente minoico; el segundo, algo más tarde, quizá de Mesopotamia, a través del trampolín de Jonia. Dicho trampolín no sólo sirvió para transmitir a la Hélade el legado material del Asia Menor y el Oriente Medio; por él saltaron también las superestructuras ideativas que en el siglo VI a J.C. los filósofos de la physis o, mejor, del arjé, como buenos parricidas, enfilaron contra el mito del cual se habían desprendido esas nociones generalizadoras y abstractas.

En Roma los juegos de scacci —scacco, escaque, en singular— asumían varias modalidades. Si bien las alusiones a los mismos son constantes en los textos clásicos aún hoy no sabemos a ciencia cierta como se jugaban. El ajedrez, juego de palacio, se expande por todo el mundo árabe desde Bagdad a Córdoba y al penetrar en las penínsulas ibérica e itálica llega hasta las cortes europeas que ya lo conocían —merced a los regalos de los califas a los príncipes de la cristiandad— pero que aún no lo jugaban. De igual modo otra cuña se introduce en Bizancio y allí se enquista: quienes a él se refieren, eruditos al fin, no se olvidan de señalar su filiación mesopotámica.

Nuestra historia, empero, debe detenerse en este límite. Lo mejor viene con los siglos posteriores pero desborda los propósitos de una breve reseña. Digamos, sí, que a partir del *Libro de los Juegos* (1270) del rey español Alfonso X el Sabio, donde figura un sabroso capítulo dedicado al axedrex, éste se sistematiza, se extiende y poco a poco vence las resistencias oficiales de la Iglesia. Esto sucede cuando un Papa, León X, levanta las interdicciones que pesaban contra él, se atreve a jugarlo (parece que muy bien) y le da aire para que vuele a la altura propia del espíritu humano. Luego llegará el cura Ruy López de Segura, un genial jugador y tratadista español de ajedrez quien, con su *Libro de la invención liberal y arte del Juego Axedrex*, 1561, nos introduce en el recinto de la modernidad. Invención liberal significa juego propio de los hombres libres, pero en le sentido elitista de la época que premia a los *fijosdalgos* y *ricoshomes* con los ejercicios lúdicros de la mente y reserva a los integrantes del pueblo los "juegos de manos, juegos de villanos", tal cual reza el conocido refrán. Ya el ajedrez está maduro: la suerte, el capricho, el destino, la veleidosa "voluntad" de los dados de los primeros tiempos, el azar, en fin, ceden ante el advenimiento de la estrategia y la previsión. El *homo prospector*, el planea el futuro y planifica el presente para alcanzar las metas propuestas, el que lanza hacia el mañana los parámetros del antiazar, encarna en el ajedrecista, que anticipa dentro de su mente el número y el diseño de las jugadas que lo llevarán al triunfo (o a la derrota), la expresión más esplendorosa de la mente humana.

En el ajedrez, antes de convertirse en un deporte intelectual, todo era gratuito, como aún continúa siendo en la intimidad de los jugadores domésticos. En este juego no existen ni pueden existir apuestas ni premiaciones en dinero. Sólo se admira, por parte de los espectadores a los lectores de las partidas famosas reproducidas en libros y periódicos, la audacia del ataque o la solidez de la defensa. Los temperamentos de los jugadores, cuando lo son de verdad, se reflejan en el vaivén de las jugadas y es tiempo ya de que la psicología y el psicoanálisis analicen, mediante el "test del ajedrez", las personalidades profundas de los contendientes al compás de los movimientos en el tablero. Por otra parte, como el ajedrez es un trasunto del "espíritu del tiempo" –el famoso *Zeitgeist* de los alemanes–, dicha visión del mundo imperante en el campo privativo del juego, eco de los estilos generacionales o hijo de la genialidad del "maestro", determina las maniobras analíticas o posicionales, abstractas o concretas, empíricas o matemáticas empleadas en el desarrollo de las estrategias y las tácticas.

Un gran ajedrecista es eso y sólo eso. No aspita a ser un gran gobernante, ni un mariscal de campo, ni un genio en las finanzas. El Padre Feijoo, que no entendió la lógica interna del ajedrez, subsumida en sí misma, decía que si los grados de destreza correspondiesen con los del entendimiento *"los grandes jugadores de ajedrez serían los mayores ingenios del mundo"*. Pues esto precisamente es lo que no se busca: el ajedrez se cocina en su propia salsa intelectual que es la el juego y no la de gobernar a los hombres ni escribir un tratado sobre ecuaciones diferenciales. El ajedrez es la situación del arte adivinatoria por el programa del pensamiento desinteresado, por la inutilidad lujosa de una pugna mental centrada en los movimientos de las treinta y dos piezas en los sesenta y cuatro escaques, descartando, de paso, toda la posibilidad de ganancia monetaria. Únicamente dos bárbaros como Iván el Terrible y Boris Godunov pudieron haber jugado por dinero –nada menos que el existente en las arcas reales– una partida al pie del lecho de muerte del primero (año 1584).

Las alegorías medievales de las partidas de ajedrez entre el Caballero y la Muerte, revividas magistralmente por Bergman en el filme "El séptimo sello", rescatan en cambio, el significado de los viejos símbolos. Esto confirma que cada época y que cada "personalidad de base" se reflejan en el estilo y la modalidad de jugar al ajedrez.

El ajedrez-deporte, contabilizado, cronometrado, convertido en organización y muy pronto utilizado como pancarta política, inicia en el año 1886, con la creación del título de Campeón del Mundo, una nueva era y, a partir de 1948, dicho título, ya reglamentado se disputará con regularidad. Pero, no obstante los intentos de institucionalizar el juego y convertirlo en presa de la cultura de masas, el ajedrez sigue siendo un muestrario de grandes figuras individuales o de aficionados modestos que, más allá de la propaganda internacional y la pedagogía comercializada, proclaman la gratuidad creativa de la persona humana.

Dibujo azteca que representa un juego ritual de pelota

Aquiles y Ayax jugando a los dados durante la guerra de Troya.

Pintura en un ánfora griega del siglo VI a.c.

VII. Otros juegos, otros ámbitos

A lo largo de los anteriores parágrafos dedicados a ilustrar la evolución histórica e los juegos he dicho y repetido que los juegos tradicionales y los de salón, y con ellos los juguetes y trebejos, vienen desde muy atrás o sea desde las antiguas culturas agropastoriles o las solamente agrarias, como en el caso de América, nacidas en la protohistoria.[91] Paralelamente a ellos existen en la actualidad configuraciones deportivas y juegos muy sofisticados, así como juguetes mecánicos, electrónicos y aun cibernéticos, que son producto de la revolución científico-técnica de nuestros días y de la civilización del derroche que nos impone el mundo del capitalismo industrial.

---

[91] Los términos prehistoria y protohistoria tienen distinto significado según las comunidades nacionales de científicos que los manejan. Para los historiadores y antropólogos españoles la *prehistoria* es la dilatada época que abarca los períodos anteriores a la escritura mientras que la *protohistoria* describe la vida de pueblos aún prehistóricos mediante documentos escritos por sus vecinos letrados. Para los franceses *prehistoire* equivale a Edad de la Piedra y *protohistoire* a Edad de los Metales, y ambas acepciones se han instalado en el idioma italiano con igual significado. Para los ingleses la *prehistory* abarca todos los acontecimientos ocurridos en las islas con anterioridad a la invasión de los romanos. Para los alemanes, finalmente, existe una triple gradación: la *Urgeschichte* cubre la antigua edad de la piedra o paleolítico, la *Vorgeschichte* comprende el neolítico y la *Frühgeschichte* va desde la edad de los metales a la época carolingia. El término protohistoria es utilizado también por Imbelloni como correspondiente 1 neolítico prealfabeto. Sobre este y otros nomeclatores propuestos ver G. Daniel, *The Idea of Prehistory*. Watts & Co., London, 1960.

No obstante la relativa amplitud que le he otorgado a la reconstrucción de la posible historia del ajedrez, la cual nos ha servido para comprobar el tránsito de lo sagrado a lo profano, hay todavía algunos juegos tradicionales y civiles cuya trayectoria evolutiva puede arrojar luces complementarias sobre la tesis expuesta.

Una mención inevitable es, en tal sentido, la referente al origen y funcionalidad de los juegos de dados en las distintas civilizaciones. El juego de dados es el portaestandarte de los juegos azar y, en tal sentido, convoca a una reflexión sobre dicho azar antes de seguir adelante.

En una página memorable un viejo psicólogo distinguía así los juegos de destreza de los juegos azar: *"El hombre experimenta en sus juegos fútiles el placer de escapar a la rutina de la vida cotidiana y al fastidio, y en sus juegos más graves, el de ensancharla sintiendo, en consecuencia, el placer de crear. Los juegos de destreza le proporcionan el placer de ser hábil y de actuar según convenciones que él domina; su libertad surge y se define en la lucha de su espíritu y de sus músculos contra obstáculos concretos. Los juegos de azar le proporcionan el placer de las excitaciones intensas, de las grandes oscilaciones entre el temor y la esperanza: la fascinación de la ganancia, que, grande o pequeña, aparece como el símbolo de la fortuna, brota como una súbita felicidad, como una exaltación, como la dádiva gratuita de una superior potestad; de aquí el ánimo supersticioso del jugador. Es que la imaginación y la fantasía resultan ser como el esbozo del arte. Sustituyen la vida por quimeras apaciguadoras. Nuestros ensueños juegan con la profundidad y trascendencia de un Destino"*.[92]

Pero este azar no es una entidad compacta, una divinidad ciega. Hay gradaciones y aun categorías. Existe, en primer

---

[92] H. Delacroix, *Op.cit.*

lugar, un azar simple, un áleas externo a la voluntad, destreza e imaginación de los jugadores. El seven eleven, siempre que los dados no estén "cargados", configura un puro y llano juego de azar. Pero si jugamos al tejo, o a las bochas, juegos de habilidad no exentos del ingrediente casual –un calambre en el brazo, un desnivel del terreno– la destreza del jugador contraría la sorpresa propia del azar, le coloca, por así decirlo, una venda transparente ante los ojos. Se trata entonces de un azar disminuido y compuesto a un tiempo: la relación sujeto-objeto aleja la posibilidad del puro azar pero no participa aún en la ineluctabilidad de la cadena causal. Finalmente existe un azar agonal, o mejor, un elemento aleatorio incrustado en la instancia agonal –recordemos la clasificación y la terminología de Caillois[93]– cuando surge una pugna entre jugadores que compiten entre sí. Si se corre una carrera entre cuatro personas una la va a ganar y no se sabe de antemano le resultado pues, de pronto, la más veloz de ella se agota o desfallece psíquicamente, perdiendo así la competencia. Viste desde afuera, ese azar agonal, praxiológico, antropológico si se quiere, se infiltra en los juegos de fuerza, destreza o agudeza mental para dar un mentís a los pronósticos infalibles. El dicho criollo *"en la cancha de ven los pingos"* aquiere así, más allá de la paremiología, un sentido relativizant que otorga el azar lo que el azar reclama.

El azar, por último, y esto todos lo sabemos, no aparece en ciertos juegos: cuando las niñas juegan a "las madres" el azar está ausente por completo.

Pero a todo esto ¿qué es el azar? ¿Existe realmente o es un expediente al que recurren nuestras mentes de vuelo corto al no poder ordenar y dominar las series determinísticas muy complejas que presiden la estructura de la realidad? Y en el caso de que el azar existe realmente ¿cuáles son sus caracteres y qué significado tiene el término que lo designa? En el

---

[93] R. Caillios, *Op.cit.*

análisis etimológico realizado por Corominas se dice que azar proviene de *zahr*, una voz árabe empleada para designar a la flor, y por extensión al dado, ya que en una de sus caras se pintaba una flor. Otra versión es la de una crónica medieval que cuenta cómo los cruzados –grandes tahúres y borrachines– inventaron un juego de dados al cual dieron el nombre del sitio donde acampaban en Tierra Santa: El-azar. El denotatum de la voz azar fue cambiando con el tiempo: hace el 1250 es *"cieto juego que se jugaba con dados"*, en el 1283 es un *"lance desfavorable en el juego de los dados"*, en el 1495 se circunscribe a la *"cara desfavorable del dado"*. Para los europeos de mediados del siglo SVI el término adquiere mayor latitud: equivale a la suerte, desgracia, riesgo, y a principis del siglo VII significa casualidad o caso fortuito. Este último y lato significado es el que se ha conservado hasta nuestros días.[94]

Al margen de la peripecia lúdicra el azar configura una importante noción cultural –somos los hombres quienes lo calificamos– sobre la cual se abre el abanico de múltiples interpretaciones. Según una corriente filosófica el azar no existe. Es solamente una cortina de humo desplegada por nuestra minusvalía humana, incapaz de captar el orden del cosmos y su reflejo en el microcosmos de los hombres singulares. Así pensaban los estoicos y así lo retiró Kant: *in mundo non datur casus*. El *casus* de los romanos y el *automaton* de los griegos, equivalentes al azar, no son otra cosa que *"la medida de nuestra ignorancia"* al decir de Poincaré.

Una segunda corriente de opinión sostiene, a partir de Aristóteles, que se denomina azar a la convergencia o el entrecruzamiento de dos series causales de fenómenos. De tal

---

[94] J. Ferrater Mora, *Diccionario de Filosofía*, t.1°. Alianza, Madrid, 1979. Consultar también J.M. Riaza Morales, *Azar, ley milagro*. Biblioteca de Autores Cristianos, Madrid, 1964.

modo el azar tampoco existe. El matemático y filósofo francés Cournot dedicó varios libros a esta concepción el azar que atribuye a la ciega casualidad la chispa que salta cuando entran en colisión dos violentas cadenas de casualidades.

Una tercera corriente proviene de las matemáticas y de la teoría general de la información. Sus propugnadores recomiendan adoptar ante el azar una actitud aséptica, lógica, purgada de toda metafísica. El azar, por lo tanto, aparece cuando la previsión se extiende sobre una escasa gama de probabilidades y no se explotan a fondo los recursos de la dependencia estadística. Una serie numérica se torna azarosa cuando no puede ser empacada, encapsulada, comprimida, en un algoritmo del cual provengan las instrucciones que dan origen a dicha serie.[95]

Ya se le encare por el lado de las formas, ya por el de las sustancias, ya, como lo han hecho Keynes y Jeffreys, por el lado axiomático, subjetivista, la categoría de azar escapa a los requerimientos de la lógica y las pretensiones de la ontología. Causalidad versus finalidad; azar en el orden natural *versus* suerte en el orden artificial (humano, cultural); Fortuna versus Moira o aun Anagké: el análisis de estos extremos dialélicos antes de dialécticos sería muy largo y por ello conviene aceptar sin más el azar en cuanto que ingrediente propio de ciertos juegos y en tanto que apetencia de y de desafío a la subjetividad humana. La fascinación de lo aleatorio revela el perpetuo deambular de los hombres tras la esquiva sonrisa de los dioses. Sin este tipo de irracionalidades quizá no podríamos vivir; el ritmo programático y el ritmo emocional, para alivio de los pobres mortales, caminan por vías diferentes.

---

[95] J. Ferrater Mora, *Diccionario de Filosofía*, t.1°. Alianza, Madrid, 1979. Consultar también J.M. Riaza Morales, *Azar, ley, milagro*. Biblioteca de Autores Cristianos, Madrid, 1964.

Ahora podemos regresar al punto de partida, o sea a los dados. Los dados son los emisarios del azar, los íncubos de apuestas y camorras, los hacedores peculiares de un tipo de sociabilidad ocasional y, muchas veces, los disolventes violentos de las ruedas de jugadores.

Seguir la pista el juego de dados desde las más lejanas épocas, a partir de la transformación de las tabas o astrágalos extraídos de las osamentas ovinas (y luego vacunas), configura un ejercicio apasionante. Los juegos adivinatorios tal vez usados a partir del mesolítico[96], cuando el perro y las flechas sella y separan a un tiempo la Gran Alianza entre los animales y los hombres, parecen ser el origen de los dados. Al llegar al mal denominado neolítico[97], cuando la agricultura y sus ceremoniales sustituyen los dioses del Cielo por los de las entrañas de la Tierra, los cuatro lados de los huesos adivinatorios sirven para encarnar la tetradivisión del espacio y los poderes mágicos de los puntos cardinales. Pero en determinado momento la tradición se bifurca: por un lado sigue desarrollándose el uso mántico de las tabas y por el otro,

------

[96] El mesolítico, término acuñado por Torell en 1874, ampara en Europa a las culturas salvaterriense (Portugal), asturiense (España), maglemoisiense (norte de Europa), tardenoisiense (Francia), etc., surgidas después de la retirada de los hielos y antes del comienzo de la agricultura. Dichas culturas se inician alrededor de 10.000 años antes de nuestra era; el perro, al parecer, es domesticado durante este período.

[97] El Neolítico es un término debido a Lubbock (1865) quien, al refinar la clasificación lítica del danés Thomsen (1819), introdujo el concepto, equivalente al de Edad de la Piedra Pulida. Pero lo más importante de tal período, que comienza en el próximo Oriente 8.000 años a J.C. y madura un poco más tarde (6.000 en Egipto y Mesopotamia, 4.000 en Europa, 5.000 en México), es que durante su transcurso se inicia y perfecciona la domesticación de plantas y animales. La Revolución Neolítica estudiada a fondo por Childe es en puridad una Revolución Agrícola. La piedra tallada, por ejemplo, continúa constituyendo el material de las hoces empleadas para segar en Palestina prehistórica. El centro de gravedad, pues, debe buscarse en el advenimiento de técnicas productivas y no en el refinamiento del trabajo de la piedra.

102

no se sabe cómo ni cuándo, se pulen de tal modo los astrágalos que surgen las seis caras de los dados.

De tal modo el dado, el datum, el don, el regalo de los dioses chocarreros se convierte en llave para abrir los misterios del porvenir y, a la vez, en juego de tahúres codiciosos, de navegantes aburridos, de soldados acampados, de urbícolas poseídos por el demonio del mediodía. El cubo de cada dado complementa las orientaciones de los cuatro puntos cardinales con el arriba y con el abajo, los planos superior e inferior del gran paralelepípedo cósmico que engloba a su vez a los cuatro octantes celestes y a los cuatro octantes subterráneos que se conjugan en un punto central, el centro del mundo, el ombligo de las polis y de los pueblos, del yo y del nosotros.

Las caras de los dados se numeran de tal modo que la suma de los puntos ubicados en las opuestas equivale a siete: seis y uno, cinco y dos, cuatro y tres. El número siete, desde las pitagóricas a los cabalistas, antes y después de las numerologías que los ocultistas esconden y los matemáticos revelan, es un guarismo que atesora virtudes terrenales y divinas, dotado de poderes que abren las puertas del más acá y del más allá. Las caras de los dados en las civilizaciones orientales tienen nombres que aluden a las direcciones terrestres horizontales y verticales, a los elementos constitutivos de la materia y de la vida: Belleza, Armonía, Cielo, Tierra, Naturaleza, Paisaje. Los dados son, en consecuencia, más que simples piezas de hueso (el material ritual que perdura en los actuales): son seres capaces de albergar la voluntad, de internalizar deseos y reticencias. Para comunicar nuestras voliciones a esa vida larvaria, subsumida en el residuo óseo de una antigua libertad ambulatoria, es menester soplar los dados, infundirles nuestro aliento, es decir, una parte de nuestra alma. Consecuentes con esta antiquísima costumbre los jugadores de las distintas suertes de dados no dejan de soplar, desde el fondo de los tiempos hasta hoy día, a estas criaturas móviles y veleidosas, emisarias de la Fortuna.

Un rastreo metódico hasta el origen de nuestros actuales juegos nos proporcionaría, al descubrir la urdimbre cultural que recubre sus crisálidas prehistóricas y protohistóricas, sorprendentes informaciones. Nos mostraría también los lejanos parentescos nucleares que existen entre juegos que hoy aparecen muy distanciados entre sí, como el ta-te-ti, el ludo, los naipes o el ajedrez. Y comprenderíamos, sobre todo, su vinculación efectiva con los ritos, aspecto que muchos estudiosos están descubriendo en la actualidad al abatir las vallas levantadas por las doctrinas racionalistas y positivistas, rezagos del siglo XIX, que impedían la correcta visión de lo sagrado-colectivo, achaparrado en el horizonte de los orígenes.

La interpretación mítico-ritual, que no descarta la estameña societaria, pugnaz, de las culturas, y que, de algún modo, la esquematiza en símbolos, ha permitido entender la naturaleza primaria de los juegos. De este modo la rayuela representa el dificultoso ascenso de las almas al Cielo; el columpio conjura mágicamente la aparente detención del Sol en los solsticios para que aquel se desvare y "retroceda" a los efectos de preservar el ciclo regular de las cuatro estaciones; las muñecas son el trasunto de los ritos de fecundidad celebrados en todo el mundo agrícola protohistórico; los animales rodantes de arcilla de México y el Viejo Mundo no son la expresión de juegos infantiles sino objetos ceremoniales que los mayores ponían en marcha para que el Sol siguiera dando vida y alimentos al hombre.[98]

---

[98] En la revista *AMERINDIA. Prehistoria y Etnología del Nuevo Mundo*, n°1, Montevideo, 1962, se dedica una sección al problema de las figulinas rodantes de Mesoamérica y el resto del mundo. Se publican allí artículos de H. von Winning, M.W. Stirling, R. Heine-Gelder y D. Vidart.

En consecuencia, y para resumir: los juegos arcaicos no eran tales sino evidentes y estrictos ritos –para cuyo estudio ampliado remito a Cazeneuve[99]– que procuraban mantener y aun estimular los ritmos del cosmos, restituir los equilibrios sociales perdidos por las desavenencias humanas, conservar el orden de los ecosistemas y los agrosistemas.

El juego-rito conjura y arroja al desierto, fuera de la aldea y de la ciudad –esos oasis humanos en medio del Caos, esto es, de las tierras incultas, no medidas y por ende no sacralizadas– a las semillas de disensión sembradas por lo innovadores, hijos temibles del tiempo humano. Profundamente conservador y tradicional, este juego-rito procura una y otra vez, mediante maniobras de congelada, repetida estructura, rescatar de los torbellinos del desorden los espacios sagrados donde se reitera la eterna revolución de los astros y el incambiable ceremonial de los hombres. Así, entonces, van juntos juego, rito, nacimiento, bautizo, iniciación de la pubertad, boda, funebria, siembra, cosecha y fiesta, para luego empezar de nuevo, al compás de la rueca de las estaciones, el ciclo de la vida siempre igual a sí misma, siempre herida por el desengaño y la muerte, como dicen y repiten los Eclesiastés de todas las religiones.

---

[99] J. Cazeneuve, *Les rites et la condition humaine*, Presses Universitaires de France Paris, 1958.

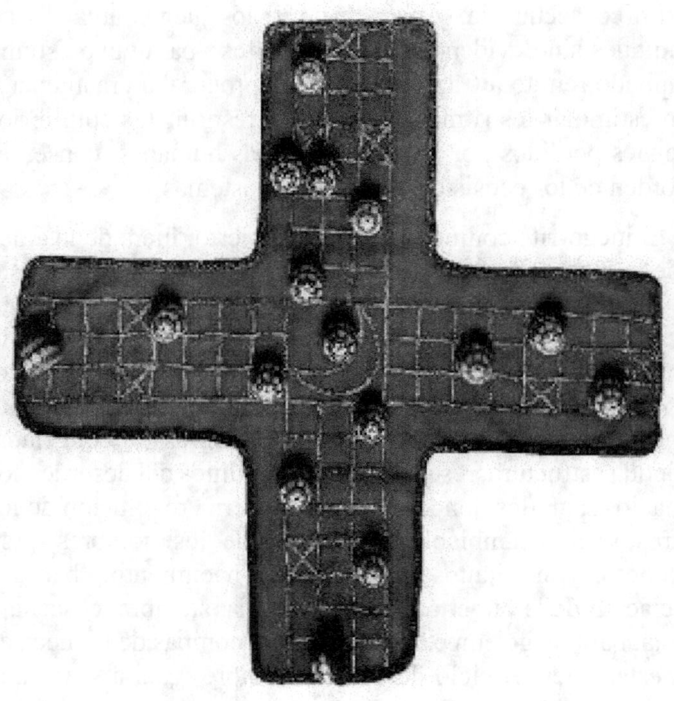

Tablero cruciforme utilizado por el juego indostánico llamado *pachisi*, *pacisi* o *parchís*. A fines del siglo XIX, modificado, fue introducido en Europa como juego de salón llamado *ludo*.

VIII. El deporte : ¿anti-juego o confirmación del juego?

Las anteriores referencias que, a modo de ráfagas, han explorado algunos de los neblinosos territorios de los orígenes de nuestros juegos, no han tenido la pretensión de rescatar, siquiera sintéticamente, las etapas privilegiadas de la evolución lúdicra, la cual, lamentablemente, pertenece a un sector no relevante de la investigación antropológica e histórica. He procurado, en cambio, sugerir la urgencia de una especie de arqueología lúdicra, complementaria de la foucaltiana, para excavar, a modo de trincheras, una serie de cortes verticales hacia un pasado cuyos valores sacrales se han profanizado y profanado en los sucesivos procesos de secularización de la cultura humana. Lo sagrado no es una infraestructura sino una superestructura visible que salva, a lo largo de un tenaz flotamiento de estereotipos, restos de naufragio de antiquísimas formas de vida y relaciones de producción. Son los testimonios espaciales, visuales, del Orden. El viento del progreso y la temporalidad del cambio constituyen la tenaz piqueta que derrumba los edificios construidos por el poder y su voluntad de perduración y dominio. En tal sentido resulta pertinente que a la reflexión sobre el juego siga una reflexión sobre el deporte, ese anti-juego surgido de la Revolución Industrial, el segundo suceso revolucionario, luego de la Revolución Agropecuaria, en la historia de la tecnología.

Pensemos, en tal sentido, en el caso de los deportes que hoy día concitan inmensas multitudes en sus escenarios y cautivan con los mass media (radio, televisión, periódicos, revistas especializadas) a millones de adictos, auditores, televisores y lectores hasta el extremo de generar un colosal contingente planetario de fans, hinchas y aficionados. Pensemos también en el uso político que los ex-países socialistas y los por ahora empecinadamente capitalistas han hecho de la medallería conspicua (ya no más el oro de los dioses sino el oro de los héroes); en la angustiante brega por la superación de las marcas anteriores; en la dura disciplina impuesta a los atletas para convertirlos en reificados productos del industrialismo (los cuerpos, y las habilidades son meras mercancías y las personas se transforman en fetiches del consumo vicario). Pensemos finalmente en los aspectos burocráticos, tecnocráticos y propagandísticos que convierten el deporte de nuestros días en una estratificada organización comercial, en una pirámide de estrellas, satélites y escudería menor cuya resonancia económica, sociológica y antropológica no han desaprovechado los estudiosos de las ciencias humanas y los periodistas de brocha gorda, dando así origen a una bibliografía torrencial en todos los idiomas.[100]

¿Qué relaciones existen entre el juego y el deporte? ¿Es el deporte un juego o algo diferente, no obstante las similitudes formales? ¿En qué época se define el perfil del deporte tal cual hoy lo conocemos? ¿O es que hubo siempre deportes y espíritus deportivos a lo largo de la historia de la recreación en los distintos pueblos del mundo? ¿Existen relaciones genéticas entre trabajo y deporte, como lo proponen algunos autores[101] o el deporte es, pese a sus rigores, una cosa distinta

---

[100] En la bibliografía detallada en el excelente estudio de J.M. Brohm, *Sociologie politique du sport*, Editions Universitaires, Paris, 1976, figuran los títulos más importantes publicados hasta esa fecha. Luego, a raíz de las respectivas ausencias de los EE.UU. en las Olimpíadas moscovitas de 1980 y de la U.R.S.S. en las de Los Ángeles, 1984, han corrido ríos de tinta sobre los trasfondos y proyecciones de esas actitudes políticas.

[101] A. Ghlen, J. Habermas y otros autores reconocen un origen común del trabajo y el deporte. Ver B. Rigauer, *sport und Arbeit*, Suhrkamp, Frankfort, 1969.

del trabajo? ¿Posee el deporte valor educativo y eficacia moral o se ha convertido en una vitrina donde se exhiben las peores muestras de competitividad, agresividad y aun ferocidad humanas?

Estas y muchas otras preguntas que formulan los defensores y los contestatarios del deporte contemporáneo nos incitan a realizar un breve análisis del proceso que conduce, en el espacio de cada civilización[102] y en el desarrollo temporal de cada cultura[103] al cambio programado de algunos juegos en deportes y a la fosilización o marginalización de otros juegos que otrora gozaran de auge y nombradía. Al cabo de dicho análisis los deportes aparecerán como los hijos mutantes de los juegos en tanto que concreciones históricas congruentes con las distintas formaciones socioeconómicas y revestidos con las connotaciones ideológicas propias de un estilo de vida acuñado por el industrialismo.

El deporte contemporáneo, masificado, abierto democráticamente —o así lo parece al menos— a una capilaridad ascendente de las más bajas y desamparadas capas de la sociedad (los boxeadores del hambre del área del Caribe, por ejemplo) manumite a los que triunfan en la pugna darwiniana por la supervivencia, Y son estos supervivientes del cernidor social, cuyo proceso selectivo recién hoy está llegando a la novelística y la cinematografía, los protagonistas de una nueva saga épica. Héroes de nuestro tiempo,

---

[102] Sobre los distintos contenidos atribuidos a la civilización como palabra y como concepto consultar C. Kluckhohn & A.L. Kroeber, *Culture. A critical Review of Concepts and Definitios*, Vintage Books, New York, 1963 (la primera edición del Peabody Museum de la Harvard University es de 1952). Yo escogí en este caso el sentido espacial que al término *civilisation* le confirieron Durkheim y Mauss: la civilización occidental engloba a las culturas de Occidente, la oriental a las culturas del Oriente, etc.

[103] Id. *Ibid.*

gladiadores emancipados, conocen el esplendor y la gloria pero no llegan a disfrutar de la plena libertad: con su coronación atlética las cadenas cambian de nombre y de lugar pero la servidumbre persiste. El deporte antiguo, si así se le puede denominar, era de cuño aristocrático. En este aspecto el deporte contemporáneo poco tiene que ver con los juegos de los pueblos helénicos, juegos practicados, como se sabe, por una élite liberada del duro trabajo manual, la despreciada banausia. Está también muy lejos de las justas caballerescas de la Edad Media europea, adscriptas a las *très riches heures* de la nobleza holgazana en el sentido del trabajo manual aunque muy activa en la práctica –también manual y fatigante– de las artes marciales.

En consecuencia, es imprescindible desmitificar ese fantasma del "espíritu deportivo", uno y eterno que, según sus propungadores, atraviesa como una constante todos los tiempos, desde la aurora de la cultura hasta nuestros días.[104]

Los juegos olímpicos de la Grecia clásica, iniciados según una versión en el año 776 a. J.C. –fecha a partir de la cual los griegos midieron el tiempo histórico–, se realizaban cada cuatro años y tenían un estricto calendario. En efecto, su celebración en el solsticio de verano, correspondiente al 21 de junio y el triunfo mítico de Apolo en la primera carrera celebrada, hace suponer que se habían originado en el dominio de los antiguos ritos solares. Se corría entonces para sacar al Sol de su aparente colapso celeste y los juegos duraban siete días, un número mágico por excelencia. Olimpia era un santuario situado a la vera de un bosque sagrado –es decir un espacio sagrado, el Altis–; los juegos, por su parte, constituían verdaderos sacrificios, o sea hechos sagrados en su más estricto sentido, a los efectos de honrar a Zeus, padre de todos los dioses. En Olimpia se reaviva una

---

[104] P. De Coubertin, *Mémoires olympiques,* B.I.P.D., Lausannem, 1934; P. Vimard, *Le Sport, vieux comme le monde.* Dupont, Paris, s/f.

tradición atlética registrada tempranamente por La Ilíada: los juegos ordenados por el pederasta Aquiles en memoria de Patroclo, su camarada de armas y de amor contra natura. Los inicios son modestos pues suman a las carreras pedestres, por algún tiempo las únicas pruebas, unos pocos juegos más, tales como el puligato, el pancracio, las carreras de carros y las de caballos montados por jinetes, esto es, por hombres desnudos. Los primeros atletas fueron aqueos, eleos y mesenios si bien más adelante concurrieron desde todos los rincones de la Hélade.

Rito muscular de los pederastas –que hoy tanto abundan entre los Narcisos forzudos enamorados de su cuerpo– y ofrenda de hermosos jóvenes en vez de cadáveres, los juegos olímpicos rinden homenaje, desde un omphalos, un ombligo, al más grande de los dioses. Pero, con el tiempo, si bien se conservan el carácter de celebración sagrada, se van convirtiendo en un acto político, o transpolítico si se quiere, de afirmación helénica, y, sobre todo, en pausa propicia para la aclimatación de la paz entre los espíritus particularistas de las mal llamadas ciudades-estado. Durante los juegos nadie podía entrar armado a los mismos. Se afirma así el paradigma de la "lucha buena" cantada por Hesíodo, aquella emulación a cargo de la fuerza y la destreza que sustituye a la eris, la hybris, la desmesura, causante de las guerras sangrientas. No obstante existen caracteres objetivos que alejan de las concepciones del deporte moderno a las pruebas disputadas en los juegos olímpicos. En primer lugar, en dichos juegos no se tenía en cuenta, ni se podía tener, lo que hoy se conoce como record. Un hombre triunfaba sobre otro y otros hombres y eso bastaba para obtener la corona de laurel. Más adelante surgieron elementos crematísticos y se vio aparecer algo así como atletas profesionales que iban de juego en juego (además de los olímpicos había casi una decena más, aunque de menor prestigio) recogiendo prebendas. Estos juglares del músculo buscaban una recompensa material y desnaturalizan la esencia gratuita de las competencias: lo sagrado había quedado por el camino y lo profano imponía sus intereses monetarios.

Debe remarcarse el hecho antes señalado: en los antiguos juegos helénicos no se pugnaba por establecer tiempos mínimos –los pocos instrumentos de registro temporal eran sumamente imperfectos–[105] ni nadie se ponía a medir las distancias alcanzadas por los discos o las jabalinas. Esta preocupación, sin embargo, existía. Algunos pocos datos sobrevivientes nos cuentan que en algunas pruebas se practicaban mediciones: de tal modo se sabe que Quionis de Esparta, en la olimpíada n°28 (668 a.J.C.), había alcanzado en el salto triple la cifra de 16,66 mts. Pero lo realmente importante era que un olimpiónico fuera más rápido, más fuete o más ágil que los otros competidores y que el disco o la jabalina, cuya forma y peso eran variables, cayeran más lejos que los de los atletas rivales. En definitiva, no existía la preocupación fundamental de registrar tiempos o espacios privilegiados, es decir, deshumanizados, válidos por sí mismos; lo importante era la gloria del hombre, el triunfo de la persona y con ella el de la polis que representaba.[106]

Solamente con el cronometraje y la estricta medición, que aparecen a partir de la eficacia y rendimiento exigidos por la racionalidad maximizadora y optimizadora del capitalismo europeo primero y del industrialismo mundial después, será posible convertir lo que para los atletas griegos era hazaña cualitativa concreta en una abstracta cuantificación matemática. Los juegos olímpicos en la actualidad conservan su marco atlético pero han perdido su significado ritual, sus

---

[105] R. Vanker, L´histoire des olympiades, *Cahiers de l´Histoire*, n°78, Paris, 1968.

[106] W. Umminger, *Des hommes et des records. Histoire de la performance à travers les âges*. La Table Ronde, Paris, 1962; M. berger et E. Moussat, *Anthologie des texts sportifs de l´Antiquité.* Grasset, Paris, 1927.

112

connotaciones culturales. Ni siquiera son juegos: son deportes agonísticos privados de todo asomo la libertad individual; son, y esto es más grave aún, luchas por el poder practicadas por los Estados recurriendo al uso y al abuso de disciplinas penosas y sofisticadas tratamientos hormonales como los impuestos a las nadadoras alemanas.[107]

Jugadores de patolli, juego azteca semejante al pacisi indostánico. Esta similitud, según algunos antropólogos, demuestra la existencia de un contacto cultural transpacífico. (Códice Magliabechi)

Cuando Pierre de Fredy, Barón de Coubertin, logró el 23 de junio de 1894 que la poderosa Inglaterra y otros países occidentales aprobaron si idea de restaurar los juegos olímpicos, abolidos un milenio y medio atrás por el Edicto de Teodosio (año 393 de nuestra era), el concepto del atleta amateur, ensalzado por sus argumentaciones, no coincidía por

---

[107] R. Passevant, *Les mystères du sport en R.D.A., E.F.R., Paris, 1971.*

cierto con la areté celebrada por Píndaro.[108] Los capitanes de la industria, dueños de la ciencia, la técnica, el poder y el saber hacer, aprobaron las propuestas del noble venido a menos que reconocía en los protagonistas de las olimpíadas una *"nueva aristocracia"* –éstos son sus términos– o sea una tecnología humana dura, hard, como hoy se dice en la jerga cibernética. Tras el abanico retórico que el barón desplegaba en su discurso (entendimiento entre las naciones de una Europa dividida y un mundo recíprocamente xenófobo, amor, confraternidad, abolición de los prejuicios religiosos y raciales, honor, lealtad, desinterés, etc.) se advertía un halo ideológico claramente anticipatorio de lo que serían las olimpíadas en el maduro siglo XX. Buenos prospectores al fin, los parteros de las olimpiadas renacidas apostaban, mediante un tiro por elevación, a la inminente cultura de masas, al programado *panem et circenses* administrado por los gobiernos y aprovechado por los mercaderes, a la instalación enajenante del deporte como *"opio de los pueblos"*. Y todo ello llegó en su tiempo preciso, a horcajadas en el caballo de madera del deporte profesionalizado, que se proclamaría natural descendiente del deporte amateur.

La competición, la confrontación, la adversión –y de ahí lo de adversario– son las patrocinadoras de la lucha armada y también del deporte, su hijuela contemporánea. El deportista, a su modo, es un soldado. Representa los intereses nacionales del libre mercado en el área capitalista y hasta hace poco representó los intereses de la economía de Estado en el área industrializada de los países socialistas. El campo de batalla fue entonces el de los estadios y rings olímpicos. Cuando la "guerra fría" se acentuó, los EE.UU. y su cohorte no asistieron

---

[108] P. De Coubertin, *Op.cit.*; G. Méautis, *Pindare le Dorien*. Editions de la Baconnière, Neuchatel-Albin Michel, Paris, 1962. Las obras de Píndaro se han publicado en múltiples traducciones a los idiomas europeos actuales; en español existe una versión de las Olímpicas en Aguilar, Madrid, 1967, con anotaciones de F. de P. Samaranch.

a las olimpíadas celebradas en Moscú en 1980, y, cuatro años
después asumieron una actitud idéntica la U.R.S.S. y los
países socialistas al boicotear las olimpíadas celebradas en
Los Ángeles.

En los siglos del "milagro griego", que no fue un milagro
y que tampoco fue exclusivamente griego, el culto por la
belleza y destreza corporales de las sectores ociosos de la
población se desplegaba al margen y por encima de los
obreros y los artesanos, quienes eran despreciados por tratarse
de seres poco menos que contrahechos, cuyas labores se
desarrollaban en locales cerrados, lejos del ágora deliberante
y la palestra gimnástica.[109] Este culto por el cuerpo masculino
respondía a profundos incentivos surgidos de la guerra
perpetua entre las ciudades particularistas, a la institución de
la efebía y el consiguiente culto homosexual a la hermosura
de los adolescentes. Pero, por encima de una escamoteada
realidad económica, prevalecían las vinculaciones
superestructurales existentes entre la gimnasia, la música, la
retórica y el ideal del caballero bello, bueno y veraz. En la
obra de Platón, el de las "anchas espaldas", resuena una y otra
vez la alabanza al sistema idealista e ideologizado de la
kalokagathia, el todo armonioso del atleta-guerrero-
ciudadano que sirve de ejemplo a los adolescentes y exalta las
virtudes de la polis nativa con la pompa y la circunstancia de
la gimnástica y la poesía. De ahí que los juegos de Olimpia,

---

[109] En efecto, en su *Económica*, IV, 203, Xenofonte, un militar
admirador de Esparta, decía: *"Lo que se conoce por artes mecánicas lleva
consigo el estigma social y está deshonrando nuestra polis; pues dichas
artes dañan el cuerpo de quienes las practican y de quienes actúan como
capataces, porque les imponen una vida sedentaria y encerrada, y en
ciertos casos a pasar todo el día junto al fuego. Esta degeneración física
redunda también en perjuicio del alma. Por otra parte los operarios de
estos oficios no disponen de tiempo para cultivar la amistad y la
ciudadanía. En consecuencia son considerados como malos amigos y
malos patriotas, y en algunas ciudades, especialmente en las guerreras, no
es lícito a un ciudadano dedicarse a los trabajos mecánicos"*.

de Delfos, de Nemea y del Itsmo, los más importantes entre varios otros de menor entidad, tuvieran la inmensa resonancia que alcanzaron en el mundo helénico. Eran la más alta expresión del culto al cuerpo masculino de los ciudadanos libres –los esclavos, que formaban el 50% de la población, estaban excluidos de los juegos– y servían para proclamar la principalía física y estética de los pocos, de los mejores, de los hombres verdaderos. Tenían, en consecuencia, una profunda raíz elitista y su nacimiento coincide con el predominio de las aristocracias locales constituidas por los antiguos caballeros añorados en la Atenas del siglo V a.J.C. por el tradicionalista y por ende reaccionario Aristófanes.

Juego del siglo XVIII llamado Even Odd (E.O.), antecesor de la ruleta.

Caricatura del artista británico Thomas Rowlandson

Los ejercicios físicos sufrieron un largo eclipse durante los "siglos oscuros". Como ya se dijo, el emperador Teodosio, convertido al cristianismo, acabó con los juegos olímpicos en el siglo IV de nuestra era dado que su carácter religioso los incluía dentro de las fiestas paganas.

La iglesia, al buscar la salvación de las almas, reprobaba –y condenaba– el culto y el cultivo de los cuerpos. El demonio, escondido en la carne femenina, que tienta al espíritu

116

masculino, debe, en consecuencia, ser conjurado. De ahí la terrible denigración de la mujer iniciada por los Padres de la Iglesia. De ahí que para combatir y desterrar a Satanás, el que acechaba en los espejos y atacaba con el advenimiento de la primavera, se obligara al ocultamiento de las formas humanas bajo largas y púdicas vestiduras. También se conminaba al abandono del baño y el aseo corporales, no fuera que las doncellas, al regarse con agua tibia y restregar sus cuerpos con esencias, sintieran la tentación del sexo, cuya inexistencia se decretaba y cuya vergonzosa fisiología obstruía el camino de las almas hacia el Paraíso. Sólo importaba lo espiritual, a tal punto que la accesis imponía castigos y cilicios al miserable capullo carnal que un feliz día quedaría abandonado, pudriéndose, en alguna tenebrosa tumba de este valle de lágrimas.

No es posible, en un trabajo tan breve como éste, esquematizar siquiera la historia de las postergaciones y agresiones sufridas por nuestra carnadura física en la Edad Media europea. No existía nada que se pareciese a la gimnasia: sólo el trabajo de los productores (los campesinos, los siervos de la gleba) y la parafernalia guerrera de los defensores (los barones feudales) preservaba el ejercicio muscular, mientras que los oradores (el clero) fustigaban una y otra vez el cuidado voluntario del cascarón perecedero de los mortales.

En esta gran tiniebla, oscurecida aún más por las periódicas hambrunas del pueblo llano, no hay luz alguna que ilumine, como en los tiempos clásicos, la búsqueda de la salud humana y de la gracia corporal. Las nacientes ciudades eran cloacas a cielo abierto; los campos hacinaban a los labradores en viviendas miserables; la suciedad, los malos olores, la enfermedad, prosperaban en todas las capas de la pirámide social. Sólo hay una institución que encuentra en el torneo y el adiestramiento físicos el vehículo apto para lograr sus objetivos de defender viudas y doncellas, preservar a los huérfanos y socorrer a los desvalidos (de su propia clase social, se entiende). Esa institución es la caballería andante y más de un autor quiso convertirla en el único trasunto reconocible de alguna actividad deportiva en el medioevo. Para luchar contra los atropellos de una aristocracia ensoberbecida y las acechanzas de salteadores de caminos era menester una especie de policía voluntaria y galante, un ejército moral de "valedores", un contingente selecto adiestrado en las artes marciales; pero de ahí a decir que aquello era deporte media un gran trecho.[110]

Una síntesis de la época que transcurre entre el medioevo y el renacimiento de la cultura física en el siglo XIX, ya insinuado a fines del siglo anterior, es realizada por un historiador del fútbol uruguayo:

"La condena de la iglesia pesó por siglos y el hombre europeo vivió constreñido al abandono físico más absoluto. «Durante siglos los pueblos continentales trataron en lo posible de suponer que el hombre carecía de cuerpo. Y como una de las buenas cualidades de éste consiste en que cuando está sano parece ausente, no se le nota, al punto que se diría que no existe, el hombre moderno llegó a tenerlo en cuenta sólo cuando sentía dolor. Para facilitar el escamoteo de nuestra corporeidad, se le tapó. En el siglo XVIII hasta el cabello es cubierto con una peluca. El hombre-cuerpo quedó reducido a una carita que emergía de las chorreras y unas manecitas brotando de puños de encaje: algo angelical.» Así diría, a fines del siglo XIX, Herbert Spencer. El hombre «solo espíritu» idealizado por Descartes salía convertido en cadáver junto con la mercancía que producía.

---

[110] **D. Vidart, *Caballos y jinetes*, Arca, Montevideo, 1967, cap. 4, Misión de la caballería andante. Ver también. Gillet, *Histoire du sport*. Presses Universitaires de France, Paris, 1965.**

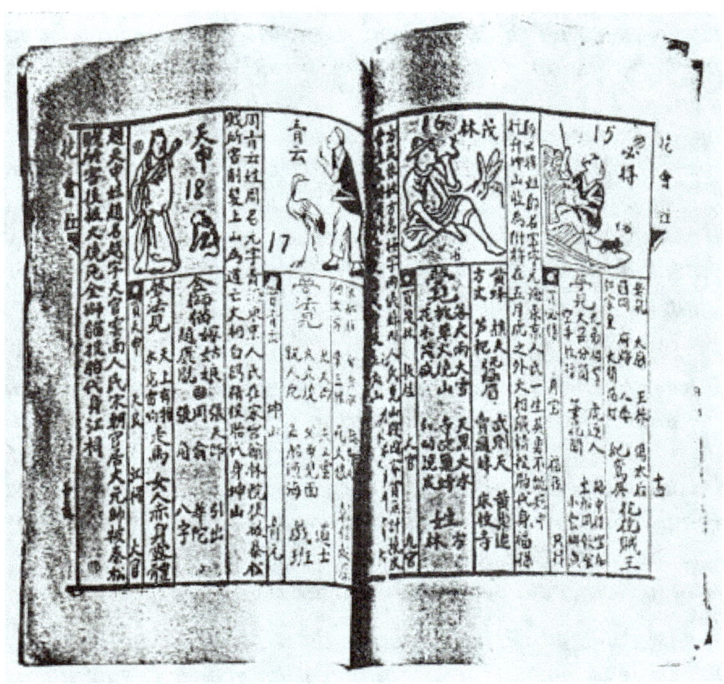

Libro de los sueños chino, de Hong Kong.

El jugador contempla la imagen clave de su sueño y apuesta por el número correspondiente.

Fortalecerlo, redimensionarlo a las necesidades de la hora, era la exigencia del nuevo sistema, el industrial, en pleno desarrollo. El hombre tenía que ser capaz de cumplir su papel en las leyes del juego económico; capaz de producir y capaz de consumir. Inicialmente, capaz de permanecer catorce, dieciocho horas parado. Es la «nación de animales robustos la primera condición de la prosperidad nacional» como luego sintetizaría el mismo Spencer.

En esa disyuntiva histórica la burguesía inglesa arremetió contra el nuevo obstáculo en dos direcciones. Inauguró, por un lado, el comercio de nativos africanos de piel negra. Por otro, extrajo juegos populares grotescos y divertidos, que pervivían como recreación para días de fiesta en la entraña popular, reglaméntado y sistematizando su práctica como medio de fortalecer aquella fuerza de trabajo: en la guerra de la competencia se aseguraba el músculo apto de los jornaleros. Mientras España, nuestra colonizadora, producía barones y marqueses, obispos y mendigos, en las islas Canning proclamaba «una edad de economistas y calculadores». Allí la pelota de fútbol daría sus primeros piques y se meterían los primeros goles.

La maldición de España, como la de otras civilizaciones, fue recoger la riqueza de este continente por interpósita persona: el indio mitayo esclavizado en las minas. La cultura no podía venir de allí […] porque su concepción cultural era la del mundo del Lazarillo de Tormes. Es la actitud que Puigross ilustra a la perfección cuando cita una demanda por infamia planteada por un español residente en Buenos Aires ante la Audiencia de Charcas: «Han dicho que trabajo».

Así como el primer traficante de esclavos, John Hawking, fue inglés, fueron ingleses también los primeros magníficos protagonistas del fútbol, del rugby, del cruling […], del squash racket, del waterpolo, del golf, del polo, del remo, de la navegación a vela, de la natación, del atletismo, del boxeo, del bádminton, del hand ball, del tennis, del hockey sobre hierba y sobre hielo, del canotaje, que son algunas de las actividades deportivas formalizadas en Inglaterra. También de las islas vendría otra cosa: el profesionalismo en el deporte". [111]

La larga, aunque muy ilustrativa, cita anterior nos encamina hacia una de las direcciones en que se iba a orientar la racionalidad deportiva de los siglos XIX y XX. En efecto, la consigna de la capacitación corporal del obrero surgía para responder a las exigencias del trabajo en la fábrica. Puede

---

[111] F. Morales, *Fútbol: mito y realidad.* Nuestra Tierra, Montevideo, 1969.

llamarse a esta orientación la tesis laboral, cuya praxis se haría visible en la mano de obra popular, en los obreros primerizos de la gran industria británica. Antes del obrero fabril existían artesanos y campesinos. Ninguno de ellos tenía noción alguna de lo que significaba una implacable norma de trabajo. Había que fabricar con urgencia el rigor de la disciplina pues los campesinos recién convertidos en obreros querían conservar y observar los ritmos cósmicos. De tal modo, fragmentos humanizados de la naturaleza, no acataban en un principio el ritmo impuesto por el reloj. Y, a la vez, debía fomentarse la construcción de un cuerpo apto para resistir largas jornadas de trabajo que alcanzaban hasta dieciocho horas. En un principio las factorías consumían la salud y la fuerza de los obreros como si fuera carbón: el hombre era un recurso renovable más. Pero luego se advirtió que no debía sacrificarse la gallina de los huevos de oro, convertida ahora en un sujeto dador de plusvalía. El deporte, en consecuencia, ayudaría a normar el espíritu y endurecer los músculos del recién amanecido proletariado.

La otra dirección de la racionalidad deportiva se manifiesta en la que podría llamarse antítesis señorial. En efecto, el deporte es bueno para el señor tanto o más que para el servidor. El Imperio en pleno desarrollo necesitaba capitanes resueltos y poderosos, amos titánicos –lo cual rima, y no sólo poéticamente, con tiránicos–, con dotes de mando, que supieran asumir conductas ejemplares en la primera línea de las empresas industriales y guerreras.

Consideradas así las cosas, se preconiza el desarrollo de los deportes en tanto que formadores de una nueva nobleza y una nueva burguesía. La vieja nobleza, obsedida por los rituales sanguinarios de la caza, y la burguesía urbana, prisionera en las veladas del club exclusivo, encontrarán en el fair play de los deportes al aire libre una doble escuela de sociabilidad violenta y entrenamiento físico. La equitación será entonces convertida en polo; el remo de paseo, en remo de regata; la esgrima de los lances caballerescos, en una actividad ordenada por las reglas y técnicas de la pedana. Y así irrumpen el rugby, el tenis, el patinaje, el golf, amén de otros novedosos deportes extraídos de las mismas entrañas del folklore. Todos ellos invaden tumultuosamente, a lo largo del siglo XIX, el área verde, los manors señoriales y el campus de las Universidades y Colegios reservados a las clases dirigentes. La era victoriana, al proceder de tal modo, transforma en un imperativo nacional la necesidad de endurecer los músculos y afilar las voluntades para reproducir en la metrópoli y afianzaren las colonias el saber y el poder de la grandeza británica.

En el punto en que estas dos tendencias convergen, pero por encima de ellas —el andén invisible de la ideología— se inicia, a modo de síntesis, el proceso semiológico del deporte como *raison d'Etat* y como implícito manifiesto de una nueva concepción del hombre. El Estado gendarme del *laissez faire, laissez passer* —una consigna del mercantilismo, reclamada por el liberalismo capitalista— y el hombre para quien ahora *"el tiempo es oro"*, están condicionados por las técnicas racionalizadoras que hicieron posible y plausible a la Revolución Industrial. En tal sentido resultaría interesante comparar algunas fechas y momentos en el desarrollo del deporte. Podrá comprobarse así que no hubo una doble sucesión coexistente de hechos y procesos sino que las exigencias laborales de aquella determinaron el surgimiento de éste.

Como se sabe, existen dos series que entrecruzan sus haces en la Revolución Industrial inglesa. Una se refiere a las etapas de la lucha entre el hilado y el tejido que, mediante sucesivos y alternos inventos a cargo de hombres prácticos —obreros, artesanos, gentes habilidosas— y no de científicos, perfeccionan viejos ingenios medievales y rudimentarias máquinas provocando así desfases temporales ("hambres" de tejidos, "hambres" de hilados) cuya repercusión en el mercado de trabajo se traduce en recíprocas emulaciones y cíclicas penurias. La otra serie es protagonizada por *le pas de trois* de la explotación del carbón, la metalurgia del hierro y los modelos cada vez más eficientes de la máquina de vapor. Ambos procesos convergen en el lapso que va desde 1785 a 1806. En efecto, hacia 1785 se utilizó la máquina de vapor para impulsar la máquina de hilar en una hilandería de Papplewic, condado de Notthingham, y en 1806 se estableció en Manchester una factoría cuyos telares mecánicos estaban movidos por la máquina de vapor puesta a punto por J.Watt.[112]

Mientras los inventos se suceden y se multiplican las fábricas y crece la producción industrial aumenta también el contingente obrero. Las ciudades, en pocos decenios, duplican y triplican el número de habitantes. Las fábricas exigen un nuevo tipo de hombre: responsable en el sentido dado al término por la mentalidad de los empresarios capitalistas, atento a los ritmos del trabajo y a la racionalización del tiempo y, sobre todo, con resistencia física para soportar los agobiantes turnos horarios. Han comenzado condicionándose respectivamente, la epopeya de la burguesía, cuyo titanismo, que tanto impresionara a Marx, resuena en las páginas del *Manifiesto Comunista*, y la tragedia obrera de la civilización industrial captada por el joven Engels,

---

[112] La bibliografía sobre la Revolución Industrial inglesa es inmensa. En español existen muchos títulos accesibles, entre los cuales destaco los siguientes: G. Mori, *La Revolución Industrial*, Crítica, Barcelona, 1983; W. Plumb, *Revolución Industrial*, ILDIS, Caracas-Bogotá, 1978; V. Castronovo, *La Revolución Industrial*, Nova Terra, Barcelona, 1974; P. Mantoux, *La Revolución industrial en el Siglo XVIII*, Aguilar, Madrid, 1962; D.S. Landes, *Progreso tecnológico y revolución Industrial*, Tecnos, Madrid, 1979; Ph. Deane, *La primera revolución industrial*, Península, Barcelona, 1978; T.S. Ashton, *La Revolución Industrial*, F.C.E., México, 1950 (varias reimpresiones).

conmovido por el espectáculo de "*las sombrías fábricas infernales*".[113]

Los historiadores de la Revolución Industrial han estudiado el nacimiento de las black cities, las miserias y grandezas de la clase obrera forjada por aquella y los aspectos técnicos y económicos del desarrollo fabril, comercial y de los transportes en Inglaterra, amén del impacto de estos acontecimientos removedores en los escenarios europeo, norteamericano y mundial. Al par de Spencer advirtieron dichos historiadores el tránsito del estadio militar al estadio industrial pero no fueron igualmente sagaces como aquel para descubrir las raíces del deporte. Los ejércitos ingleses del siglo XVIII estaban constituidos por presidiarios, mercenarios y vagabundos sometidos a la norma militar por oficiales surgidos de la nobleza. Pero los nuevos ejércitos obreros no pueden estar integrados por desechos humanos sino que, de más en más, exigen cuerpos vigorosos, animales saludables, ánimos templados. Para abastecer los requerimientos de las nuevas ergásulas se inventa entonces el deporte.

¿Cómo procedieron las clases dirigentes para crear y perfeccionar los jardines antropológicos de los cuales seleccionarían los ejemplares aptos para ingresar a los planteles fabriles? ¿De qué modo era posible, en la otra orilla, la de los privilegiados, entretener los ocios de la nobleza aprovechando el proceso de constitución de una megamáquina fundamentada en la fuerza de trabajo?

La implantación del patronised sport apunta los dos extremos: comienza el entrenamiento de una ganadería humana, mediante la vieja y empírica zootecnia utilizada para

---

[113] F. Engels, *La situación de la clase obrera en Inglaterra*, 1845. He consultado la edición correspondiente al vol.6° de las Obras de Marx y Engels, OME/6, Crítica, Barcelona, 1978.

124

obtener mejores caballos y mejores perros, y, paralelamente, se apuesta al triunfo de los mejores ejemplares.

El *patronised sport* depura y racionaliza los juegos populares, de raíz tradicional; los dota de premios para ofrecer incentivos a quienes los practican y, "con el mazo dando", los convierten en nuevas maquinarias del azar. Y así es como mano a mano con las carreras de caballo, nacidas de la equitación de la aristocracia e institucionalizadas en 1750 mediante la fundación del Jockey Club, se estimulan las carreras de hombres. El *running footman* que corría por delante de la carroza de los señores y voceaba en cada pueblo o posta la dignidad de los viajeros (como el gato con botas del cuento recopilado por Perrault), se transforma ahora en un caballo humano que, en los mismos hipódromos donde compiten los equinos, recorre largas distancias, en desaforada carrera, procurando obtener cada vez mejores tiempos. No se trata ya de vencer al hombre sino a una entidad abstracta, a una fantasmagoría numérica. Las carreras se siguen en reloj en mano; hacia el año 1731 se habían perfeccionado los relojes y en 1786 Harrinson fabrica un verdadero cronómetro. Pero la *high life* no se contenta con medir al pie del segundero las zancadas, braceos y resoplidos de los nuevos galeotes: *"se organizan además carreras de lisiados, de muchachitas quinceañeras, de viejos y de rengos, entre tantas insensatas expresiones de la burla"*.[114] Y en todas estas carreras los espectadores de la burguesía y la nobleza apuestan apasionadamente, mostrando así, en el anverso de la flema británica, el rostro de otra constante en la cultura de las islas.

A partir de 1760 dan comienzo las carreras de velocidad de 110 yardas. *"Después, al igual que los antiguos griegos, se utilizan distancias semejantes a las de un estadio, o sea el furlong de 220 yardas (mts.201,16), luego el diaule de un cuarto de milla (mts.402,33) y, finalmente, se cubren las*

---

[114] W. Umminger, *Op.cit.*

distancias correspondientes a las diólicas, carreras de largo aliento celebradas en Olimpia: la media milla (mts.804,67), la milla (mts.1609,31), las dos millas (mts.2318,58), las tres millas (mts.4828,02) y las seis millas (mts.9656,05). Los europeos continentales transformaron estas distancias, cuando comenzaron entre 1884 y 1894 la práctica de las carreras pedestres, en los cásicos 100, 200, 400, 1.500, 3.000, 5.000 y 10.000 metros. Lentamente los otros deportes se van difundiendo, desarrollando, y, sobre todo, organizándose institucionalmente entre 1860 y 1900. La Football Association surge en 1863; el Amateur Athletic Club en 1866; la Amateur Metropolitan of Swimming Association en 1869; la Rugby Football Association en 1871; la Bicyclist's Union en 1878; la National Skating Association en 1879; la Metropolitan Rowing Association en 1879; la Amateur Boxing Association, en 1884; la Hockey Association, en 1886; la Lawn Tennis Association en 1895 y, finalmente la Amateur Fencing Association en 1898".[115]

El desarrollo y auge del deporte decimonónico impregna, por una suerte de ascensión capilar, los estratos más altos de la sociedad. Es así como los campeonatos universitarios, iniciados entre 1857 y 1860 en Cambridge y Oxford, revelan una tendencia que se haría general: mientras los obreros se fortalecen con la práctica de los deportes, la nobleza rescata el significado de los antiguos torneos en las nuevas lides que exigen caballerosidad, destreza, desarrollo muscular y voluntad de triunfo señorial. El boxeo y el football pertenecen al dominio del pueblo, "mano" del trabajo (durante la Revolución Industrial del siglo XVIII no se hablaba de hombres sino de hands) y pierna de resistencia; la esgrima, golf y el remo, en cambio, son privativos de las clases dirigentes. No obstante, tanto por arriba como por abajo se

---

[115] J.M. Brohm, *Sociologie politique du sport*. Editions Universitaires, Paris, 1976. Existe una traducción al español en el Fondo de Cultura Económica, México, 1982.

define, como ya se dijo, una superestructura que traduce la específica *Weltanschauung*, la "visión del mundo" de las elites: el amo y el esclavo hegelianos se perfeccionan en el plano deportivo a la par que se acentúa económicamente su mutua dependencia.

El deporte, emancipado para siempre de los antiguos receptáculos de los juegos populares que provenían de las celebraciones y las fiestas, engarzadas en la tradición aldeana y pueblerina, da entrada a un cuerpo institucional definido y es presa de una expansión que lo difunde por todo el planeta en tanto que eminente producto industrial. El deporte impone entonces un esfuerzo ímprobo –y como tal es alabado– que no es más diversión sino voluntad personal, y, sobre todo, institucional y/o nacional, en procura de un nuevo récord; supone un entrenamiento científico, cotidiano, absorbente, que implica sacrificios y no holganza o jolgorio; conduce a una perpetua competición entre clubes y entre países que exaltan como mérito propio de su organización política y alineación ideológica el triunfo de los atletas; entraña una presencia automatizante de la racionalidad que roba esplendor a la inventiva aunque la propaganda destaca el carácter creativo de los conjuntos o de las personas participantes en los campeonatos. Esta es la palabra clave: campeonato en vías de realización o campeonato proyectado; es decir, una constelación de "compromisos" sustentados por las garantías de una gran infraestructura financiera, por un eficiente plantel de técnicos, por la presencia creciente de dirigentes y de delegados gubernamentales, por la retórica e las admoniciones nacionalistas y los prestigios internacionales. Y tras estas exigencias, invisibles para la cultura de masas y para los hinchas o fanáticos que forman un halo emocional en derredor de los sistemas racionalizados de la producción de espectáculos, cobran brío las exigencias de la polarización política en un mundo dividido: las bondades del libre mercado o de la economía planificada se expresan en las preseas olímpicas y mundiales que traducen el mejor tiempo y el mayor espacio logrados por una marca cronometrada y milimetrada. Y digo así porque, disuelta la URSS, la gigante chino, que ya a nadie espanta, se sigue autodenominando socialista.

Juego de pelota de los antiguos pueblos mesoamericanos.

(Códice Magliabechi)

Lo hasta ahora expresado, con ser breve, es suficiente para ubicar el deporte en la escala de valores de la civilización industrial contemporánea, gigantesco complejo maquinista que despliega una visión cuantofrénica del mundo. Así lo ha entendido Volpicelli al expresar que: *"en una civilización donde la ciencia y la técnica son los pilares esenciales resulta apenas lógico que el deporte se remitiera a esa máquina extraordinaria que es el cuerpo humano"*.116

Finalmente, para dar cabo a estas reflexiones sobre el deporte, conviene analizar etimológicamente y

---

116 L. Volpicelli, *Industrialismo e Sport*, Armedo, Roma, 1966.

128

semánticamente el término. Deporte deriva del vocablo latino deportare, que significa transportar, trasladar. Metafóricamente este traslado se refiere al cambio del centro de gravedad desde el área del trabajo y la pre-ocupación al área de la vacancia, de la distracción, del entretenimiento. Deportarse, en el siglo XIII, significa divertirse, y brota directamente de la fuente latina. El antiguo francés, normandos mediante, llevó a las Islas Británicas el vocablo desport, cuya significación y grafía entroncan con la palabra que designa las actividades placenteras en el medioevo. Desport es diversión y pasatiempo, pero no para todos, sino para los miembros ociosos de la nobleza. El juego de manos queda reservado a los pobladores de los campos, a los artesanos, a los trabajadores manuales, en definitiva a la gente snob.[117]

Si recurrimos a los diccionarios encontraremos definiciones descripticas, a veces intensamente ideologizados o muy escuetas en incompletas las más. El *Diccionario de la Real Academia Española* (1947, decimoséptima edición) expresa lo siguiente: *"Recreación, pasatiempo, placer, diversión, por lo común al aire libre"*. J. Casares, en su *Diccionario Ideológico* dice casi lo mismo: *"recreación, juego, ejercicio físico o diversión al aire libre"*. En cambio, en *Aristos*, un modesto diccionario escolar de la Editorial Sopena, Barcelona, 1962, el concepto es mucho más amplio y matizado: *"ejercicio físico, por lo común al aire libre,*

---

[117] Según cuenta J. Ortega y Gasset en *La Rebelión de las masas*, Espasa-Calpe, Madrid, 1937, *"en Inglaterra las listas de vecinos indicaban junto a cada nombre el oficio y rango de la persona. Por eso, junto al nombre de los simples burgueses aparecía la abreviatura s.nob., es decir, sin nobleza. Este es el origen de la palabra snob."* Un snob, por lo tanto, puede pertenecer a cualquier clase social, incluyendo la del pueblo llano, exenta de todo rango nobiliario. Más tarde, por efecto de la deriva semántica, el snobismo ampara otros significados: el *snob* es primero un *parvenu* y luego muchas otras cosas. Ver, además, C. Fatta, *Du snobisme. Un chapitre d'Anthropologie*, Buchet/Chastel, Paris, 1961.

practicado individualmente o por equipos, con el fin de superar una marca establecida o vencer a un adversario en competición pública, siempre con sujeción a ciertas reglas". Si recurrimos a los diccionarios franceses encontraremos que en el año 1952 el *Petit Larousse* definía el deporte como *"la práctica metódica de los ejercicios físicos que, además de perfeccionar y fortalecer el cuerpo, tienden al fortalecimiento de cualidades anímicas tales como la lealtad, la energía, la perseverancia y la decisión".* En la edición del año 1972 la definición es más cautelosa y exenta de juicios de valor: *"el deporte es el conjunto de ejercicios físicos que se presentan en forma de juegos individuales o colectivos practicados según ciertas reglas precisas y sin objetivo utilitario inmediato".* Salvando este último acento –el deporte amateur y el profesional son utilitarios en nuestros días– la definición resulta más ajustada a la realidad que la anterior.

Desechando el ingrediente de "progreso", sólo presente en la mitología del record que Coubertin introdujera en el deporte y la supuesta alianza de lucha y juego propuesta por Souchon y May, un autor francés arriba a esta definición "provisional": El deporte es *"una actividad del asueto cuya dominante es el esfuerzo físico, que participa a la vez del juego y del trabajo y es practicada en forma competitiva, que comporta reglamentos e instituciones específicas y es susceptible de transformar en actividad profesional.*[118]

Una estimación holística del deporte como sistema –o subsistema– de la cultura contemporánea requiere que se tomen en cuenta los cuatro aspectos fundamentales que se constelan en las distintas formaciones socioeconómicas de nuestros días:

1°) La estructura reglamentaria, pautada por normas, prohibiciones y penalidades precisas;

---

[118] G. Magnane, *Sociologie du sport.* Gallimard, Paris, 1964.

2°) La esfera del deportista, física y psíquica a un tiempo, regida por un conjunto de obligaciones (más importantes que los derechos): preparación, rendimiento, exigencia máxima del organismo, etc. Sólo los deportistas "estrella" son tenidos en cuenta en los enrolamientos contractuales altamente remunerados y aun así el peso de las contraprestaciones es muy grande:

3°) El ámbito del espectáculo y del espectador, con todo lo que significa el deporte en la cultura de masas como resorte emotivo y descarga catártica, amén de la exacerbación de los sentimientos nacionalistas;

4°) Los rasgos institucionales, ya hacia el interior de la organización social y deportiva, ya hacia el exterior (el periodismo, el comercio, la propaganda, el "orgullo nacional", el triunfo de los más aptos, la manipulación privada y oficial de los jugadores y los equipos, etc.).

Para terminar voy a transcribir una definición que tal vez deje de serlo por ser excesivamente dilatada, pero cuyo espíritu comparto:

"El deporte es un sistema institucionalizado de prácticas competitivas en las que priva el aspecto físico. Dichas prácticas, acotadas, reguladas, codificadas y reglamentadas convencionalmente, tienden al objetivo explícito – fundamentado en una comparación de pruebas, de marcas, de demostraciones y prestaciones físicas–tendiente a designar al mejor concurrente (el campeón) o a registrar la mejor actuación (el record*). De tal modo el deporte constituye un sistema de competiciones físicas generalizadas, universalizadas, abiertas a todos, que se extiende en el espacio (pueden participar en él todas las naciones, todos los grupos sociales, todos los individuos) y en el tiempo (*records *comparativos en una sucesión de generaciones) y cuyo objetivo es el de medir y comparar las actividades del cuerpo humano en su calidad de potencia progresivamente*

perfectible. En definitiva, pues, el deporte es el sistema cultural que registra el progreso corporal objetivo del hombre, es el positivismo institucionalizado del cuerpo, el museo de las actuaciones, el archivo histórico de los éxitos. La humanidad ha convertido al deporte en el registro de su continua superación física, en el conservatorio del record *donde queden estampadas sus hazañas.* Citius, altius, fortius: *la historia de la humanidad se concibe explícitamente en tanto que mitología del ininterrumpido ascenso hacia la superación. Refleja el espíritu nuevo, el espíritu industrial, y en tal sentido acoge todas las categorías centrales del modo de producción capitalista y las subsume bajo el denominador común del principio de rendimiento que hace participar al cuerpo humano en una carrera fantasmagórica hacia el éxito. Esta conciencia deportiva forma parte del universo industrial contemporáneo"*.[119]

El deporte, en consecuencia, ha dejado de ser un juego en lo que tiene que ver con sus agonistas; no es tampoco un trabajo si se le encara con el criterio amateur. Participa del elemento sinalagmático de una contraprestación tarifada en el caso de los deportistas profesionales pero aun en este caso los rasgos tradicionales del trabajo se desdibujan. Visto desde afuera el deporte puede ser pasible de la apuesta que aprovecha el aleas de una competencia, ya personal, ya colectiva. Pero el juego y su libertad, su desinterés y su gracia efímera están por fuera del deporte. Los juegos comienzan y terminan: nacen de sí mismos y se devoran a sí mismos, como el uruboros de los gnósticos. No hay sumatoria de puntos, ni calendarios estrictos para jugar, ni continuidad de un campeonato en el tiempo. Estos acentos atañen al deporte; el juego consuma su propio tiempo y aniquila su propio espacio (*les jeux sont faites*, como dice el croupier). El juego es el hoy absoluto, la ahistoricidad del instante tenso o gozoso. Por eso

---

[119] J.M. Brohm, *Sociología política del deporte, Op.cit.*

se diferencia sustancialmente del deporte, en el que el actuar, el *jouer*, se confunde, merced a una hipóstasis formal, con la quidditas, con la íntima naturaleza del consistir lúdicro.

IX. La pelota: rito, magia, juego

¿Cuándo se juega? ¿Cuándo juega el niño, cuándo el adulto, cuándo el trabajador, cuánto el ocioso, cuándo el jugador profesional, cuándo el apostador consuetudinario? ¿Hay límites entre el tiempo del juego-placer, actuado, y el del juego-vicio, padecido? ¿Supone la apuesta la existencia objetiva de juego o el apostador es un coleccionista de sorpresas, un blanco movible del azar? Estas preguntas nos enfrentan con la oportunidad del juego, con la grieta donde brota su coyuntura súbita, su reclamo afectivo. Es que el tiempo del juego tiene que ver con elementos externos al mismo, con parámetros situacionales que lo ubican, sin calificarlo, en determinados instantes de la jornada solar o el año astronómico. Se trata de "la hora del juego", del momento o los momentos de su práctica, de su dominio puro y pleno que anula todo lo que no sea su presencia y su secuencia.

En tal sentido cabe señalar que el juego tradicional, emancipado de los mitos pero no de las adherencias alegóricas de los mismos, y el juego secularizado, socializado, incorporado a la esfera moderna del ocio recreativo (o la recreación catártica), tienen distintos ritmos a lo largo del año, de la semana o del día. Ambos se inscriben en el mapa de la cultura o, mejor, en la secreta fábrica donde la cultura, respuesta estructurada de la sociedad a los desafíos del ambiente, extrae la miel de lo no utilitario, la savia misma de su renovación. El juego impide, precisamente, la fosilización de la cultura que tanto temía Spengler. Su ocurrencia gratuita y gratificante purifica la capacidad de los portadores de dicha cultura, drenado el peso de los tabúes, aliviando el agobio de los símbolos. Y al tiempo que ayuda a transportar el pesado fardo de la trascendencia –ceremonias, responsabilidades sociales, límites entre lo fasto y lo nefasto– permite seguir acuñando nuevas generaciones de valores trascendentes, refrescando la inventiva, duchando con las aguas livianas de la re-creación la fatiga de la creación propiamente dicha. Una punta del juego se asienta en el territorio de la realidad y la otra punta avanza sobre el territorio de lo utópico, de lo soñado, del dolce far niente que da respiro a la labor secular de las civilizaciones. Por el juego el espacio se crea y se palpa, es un dato de primera mano surgido de la producción de microambientes vividos y actuados. También el tiempo adquiere, con lo leve que parece ser en el juego, una significación distinta, una textura casi táctil, una gravitación casi newtoniana. Y de este modo la cultura, en el lapso del juego, cobra capacidad de renovación y conciencia de su perennidad, aire para el cambio y bases para la identificación de sus constantes.

Hay sin embargo una diferencia entre los tiempos del juego tradicional– el de los trompos, el de las cometas– y los del juego secularizado o subjetivizado– el juego de salón entre los mayores, los devaneos del Yo, el comercio mental con los objetos, las transacciones inmediatas o mediatas con el ambiente–. El juego tradicional se sustrae de la vida diaria instaura un círculo mágico donde no penetran las urgencias de la cotidianidad. El juego secularizado, que sólo es juego-juego y no juego-rito, atraviesa súbitamente, como un relámpago, la opacidad de lo cotidiano e ilumina instantes, minutos u horas, que transcurren por dentro y no por fuera de las obligaciones y las rutinas. El primero es una vida aparte, un espacio aparte, un tiempo aparte; el segundo es una hebra dorada en una trama mortecina, una floración hedónica en el espinoso erial del diario vivir.

También es posible señalar diversos tempos en los juegos actuados, en los juegos contemplados y en los mal llamados juegos que no se practican ni se contemplan pero que son pasibles de ingresar al azaroso mundillo de la apuesta. El juego-acción y el juego-espectáculo, relegados a ciertas horas del día o ciertos días de la semana son desbordados si no tergiversados, por la actividad perpetua del apostador que, desde cualquier lugar y en cualquier momento, formaliza una apuesta (lotería, carreras de caballos, quiniela, tómbola, cinco de oro, toto calcio, etc.) El apostador es el enderezador de suertes, el aventurero del destino, el tentador de la Fortuna. Aparece en los relatos de los escritores latinos y españoles, en el sombrío universo de Dostoiewski, en la oficina y el transporte colectivo. Es legítimo, pues, repetir la pregunta insinuada en páginas anteriores: ¿es el apostador un jugador verdadero o un vicioso albacea del azar? Y tras cartón ¿qué papel representa el incitador a esta tafurería contemporánea, sanguijuela de los menesterosos y tentación perpetua de los que corren tas el vellocino de oro? Las respuestas, harto conocidas por todos, no son difundidas con la urgencia que su desenmascaramiento y condena sociales lo exigen.

El juego practicado en grupo por los niños es otra cosa. Los juegos tradicionales conservados por los niños, que ofician así de obsecuentes guardianes del pasado, siguen, como en los antiguos rituales de los que se desprendieron, comprometidos con las vendimias del otoño y las primicias de los huertos en primavera, con las fogatas invernales y los súbitos vientos tramontanos, con los episodios astronómicos y las efemérides comunitarias, con la recolección de los granos y los frutos, con las fiestas y los santorales. Los juegos infantiles colectivos revisten un gran formalismo y obedecen a una regulación estricta. En tal sentido, y en tanto que relictos de la solidaridad mecánica que caracterizó Durkheim[120] y de

---

[120] E. Durkheim, *De la división du travail social*. Alcan, Paris, 1893. En español puede consultarse la edición de Daniel Jorro, Madrid, 1928. La solidaridad mecánica del grupo arcaico, indiferenciado, es sustituida, merced a la división del trabajo social, por la solidaridad orgánica.

la sacralidad de los orígenes investigada por Eliade, dichos juegos son contemplados y analizados con creciente interés por los folklorólogos y antropólogos. "Esos juegos que se piensan liberados al talante de las pandillas turbulentas que animan con sus escándalos las esquinas y encrucijadas son, o más bien eran, reglados por el imperio de las costumbres, las cuales determinaban que en cada época del año se jugase a tal o cual juego, y no a ningún otro [...] Ha existido desde siempre una especie de masonería entre los niños".[121]

Si tales juegos no se practicaban en épocas precisas, los jugadores eran reprobados y sus trebejos (trompos, cometas, baleros, bolitas) confiscados. El peso consuetudinario de los tabúes grandes y pequeños no podía ser contravenido. Lo prescripto y ordenado desde siempre debe respetarse, no importa la carencia de registros escritos. De este modo la vertiente conservadora de la cultura al internalizar la tradición la convierte en algo personal, en un acervo incorporado a la herencia mental de cada sujeto. Y así es como cada tiempo, cada trecho del año marcado por el usus inveteratus de la costumbre oral o gestual, esa memoria no explícita del rito, tiene sus juegos específicos y puntuales. En definitiva, se trata de convocatorias a las fuerzas elementales escondidas en el alma de las cosas (animatismo), de súplicas a la buena voluntad de los dioses que viven en las cosas (hilozoísmo), de operaciones técnicas que miman o conjuran los grandes ritmos del cosmos (hechicería y magia). "Cada juego infantil se centra en la estación precisa que le ha sido asignada por la tradición: el trompo en primavera; las canicas (bolitas) en verano; los tejos en otoño; la búsqueda del tesoro en invierno". Esta rígida distribución ceremonial del ciclo mito-lúdicro, que retiene el ademán pero no el sentido, la forma pero no la esencia, fue desdibujándose de a poco en la Europa urbanizada y desacralizada por los avances de la revolución

---

[121] L. Esquieu, *Les jeux populaires de l'enfance a Rennes*. 1890. Citado por J. Grane en *Jeux et Jouets*, Aubier/Montaigne, Paris, 1979.

política e industrial, por la ruptura y diáspora de las comunidades campesinas y aldeanas, por la proletarización de los portadores del folklore, náufrago como ellos en los arrabales miserables donde se forjaría la cultura suburbana. En cambio, persistió en nuestra América rural donde perduraron, formando complejos persistentes, los bloques estructurados traídos por los conquistadores y colonizadores, aquella "cultura de conquista" estudiada exhaustivamente por Foster.[122] De tal modo los campos y los pueblos conservaron los juegos, rondas y canciones infantiles que integraban, en tanto que sistemas culturales congruentes, los núcleos peninsulares a partir de la protohistoria.

De todo lo anterior viene a resultar que los niños, contrariamente a lo que piensan los pedagogos acerca de su tabula rasa cultural y su apertura plástica hacia el futuro, son una hendidura en la pared de la historia, una comunidad de herederos del tiempo primordial, un reservorio de tradiciones que perpetúan, en las esquinas de los barrios y en los patios de las escuelas, el legado de un mundo sumergido. Los niños transmiten de tal modo, de cofradía en cofradía infantil, de generación en generación de gnomos arcaizantes, el santo y seña siempre renovado y siempre idéntico del alma colectiva, del "nosotros" etnocéntrico que, al participar en las ceremonias que pautan la existencia, renueva el cíclico diálogo humano con el arjé físico primordial.

Además, y esto es muy importante, dichas técnicas gestuales y estacionales se hallan sostenidas, corroboradas y acompañadas por un andamiaje verbal: se trata de tonadas, de exclamaciones rítmicas, de relatos rimados, al parecer sin ton ni son, que siempre repiten las mismas palabras en los mismos

---

[122] G.M. Foster, *Cultura y conquista: la herencia española de América*, Universidad Veracruzana, Facultad de Filosofía y Letras, Xalapa, México, 1962. La edición original *Culture and Conquest: America's Spanish Heritage* fue publicada en el 1960 por la Wenner-Gren Foundation for Anthropological Research.

momentos del proceso lúdicro. Este paralelismo autoriza a tentar una nueva hipótesis acerca de los orígenes del lenguaje y su indisoluble unión con el trabajo y el rito: la palabra-grito sólo tiene significado si su referente es un gesto progenitor o estimulante de la producción (magia). La palabra, que mañana será el receptáculo de la theoria–visión del mundo, contemplación admirada y sacral del entorno–, brota de la praxis de la producción social, del "nosotros" humano que toma inteligible la vida en común mediante la mediación del trabajo y que proyecta en los productos de dicho trabajo las figuras emergentes de la sociabilidad. De este modo las tesis de Feuerbach[123] acerca de la religión no serían tan desechables como algunos piensan: desde "el hombre es lo que come" a "los dioses son proyecciones de lo humano" hay un trecho donde el trabajo, el gesto, la palabra y el ritual conforman un continuum en la fabricación del espacio, del tiempo y de la cultura. Por eso, perdidos los iniciales eslabones de dicha cadena cultural, hoy no se sabe qué significan esos ensalmos encubiertos por los juegos infantiles del mismo modo que los Hermanos Arvales de la Roma antigua no conocían el significado de sus cantos. Dichas prótesis lingüísticas, que animan y enmarcan el curso de los juegos e insuflan vida en la actividad casi autónoma de los juguetes, son una invocación al alma de las cosas: mediante fórmulas cifradas y palabras, a veces incoherentes y otras develadoras de una realidad antepasada, los jugadores infantiles, pequeños brujos al fin, se dirigen (conminando, alabando, convocando) a las fuerzas

---

[123] L. Feuerbach, *La esencia del cristianismo*, 1841; *La esencia de la religión*, 1845. Sobre la antropología teologizante ("la teología es antropología y fisiología") de este filósofo de la izquierda hegeliana consultar: G. Severino, *Origine e figure del proceso teogónico in Feuerbach*, Mursia Milano, 1972; G. Nudlin, *Ludwig Feuerbachs Religions Philosophie*, F. Schöning, Paderborn, 1961; E. Kamenka, *The Philosophy of Ludwig Feuerbach*, Routledge & Kegan Paul, London, 1970; H.Avron, *Ludwig Feuerbach ou la transformation du sacré*. Presses Universitaires de France, Paris, 1957; M. Cabada Castro, *El humanismo premarxista de Ludwig Feuerbach*. Biblioteca de Autores Cristianos, Madrid, 1975.

orientadoras del cosmos y dispensadoras de la producción. El hombre, amo de la naturaleza y parte de la naturaleza a la vez, se encara con las entidades que subyacen en el paisaje y son puestas en movimiento por el trabajo: la tierra da sus frutos si el labriego la estimula con su labor y la persuade con su palabra, oración y ruego al mismo tiempo.

Juego azteca del Xocotlhuetzi. Códice borbónico.

Las entidades naturales, pues, exigen homenaje y son pasibles de un doble estímulo: el del trabajo y el de la magia, el de la palabra convocatoria y el del gesto productivo. Los niños, los únicos interlocutores válidos que le restan a los dioses y demonios (en el sentido socrático) en nuestra cultura desacralizada, se constituyen en los humildes y a la vez respetuosos portaestandartes de la iuventutis mundi, los cómplices de los Elementos y las Fuerzas titánicas y heroicas representadas por Prometeo y por Heracles. Son los portadores, en fin, de una sintaxis y una praxiología ceremoniales que, a la hora de los juegos, trenza y destrenza en los espacios sagrados por aquellas producidos el ritual alterno de la palabra y el ademán, del canto y la expresividad corpórea, de la gramática y la coreografía gratas al poder de las divinidades. ¿Qué dicen los científicos culturales al respecto? ¿A qué conclusiones arriban los folklorólogos? "Todo el repertorio de los juegos [...] demuestra con claridad que ningún juego ni juguete de la sociedad infantil se encuentra aislado, que ningún juego puede tener efecto si no se halla integrado a ciclos de cuentos, sin estar acompañado por tonadillas y juegos lingüísticos [...]. Dichos cuentos y tonadillas son los que integran (o introducen) los juegos en los ciclos anuales, los que señalan, delimitan y justifican los tiempos. Al igual que los «mitos» admiten un gran número de variantes y versiones regionales [...] Ningún juguete es utilizado fuera de este soporte lingüístico. Existen canciones, historias y tonadas para el juego de la rayuela, para el juego del sube-y-baja, para los juegos de pelota [...] Las tonadillas no son, como algunos creen, meras improvisaciones de la fantasía infantil. El niño, por lo contrario, es aquí un conservador [...] Al interés «corporal», al interés «especulativo» [...] es necesario agregar un nuevo interés que se realiza a nivel del lenguaje. En efecto, no se puede concebirse un juego que no vaya acompañado de cantos y de juegos de lenguaje a partir del marco de las tonadillas. Sin juego de palabras no hay casi juego".[124]

Pero en el universo infantil la esfera del juego trasciende los ritmos estacionales. El niño juega siempre: en cualquiera de los huecos abiertos dentro del proceso de su dramática inserción en el orbe de la gente adulta –padres, maestros, vecinos–, en soledad o en compañía, desdoblando su Yo o concitando el alter ego de otro compinche lúdicro, o sea otro niño. De tal manera la identidad y personalidad infantiles se precisan jugando, fabulando, dando rienda suelta a la mitopoiesis subyacente en su grupo de edad, y no son precisamente aquellos juegos estacionales, de rígida ubicación calendárica y de congelada estructura, los vehículos apropiados para que en ellos se manifiesten el ensueño y la fantasía. Son, en cambio, los juegos de ímpetu imaginativo, los de manipulación de la realidad, los de invención de sociedades y mundos alternos, aquellos que efectivamente califican y legitiman este perpetuo vaivén infantil entre la topía y la utopía, entre la sin-cronización y la ucronía, entre la asunción lúdicra de las pautas psicoculturales del adulto y el rechazo, lúdicro también, de lo que les espanta del universo de los mayores: las obligaciones frustrantes, el advenimiento de la melancolía, el atardecer de lo maravilloso.

El juego secularizado, el juego de quienes integran la pirámide productiva de nuestras sociedades –occidentales, industrializadas y cristianizadas, ya centrales o ya periféricas– tiene ritmos propios, distintos a los tradicionales de los juegos infantiles.

No obstante, hay que partir de una ordenación matricial previa. Si en el sentido de las abcisas colocamos los juegos "actuados", los juegos "contemplados" y los juegos "apostados", una tipología entre muchas posibles, y en el

---

[124] J. Grande, *Op. cit.*

sentido de las ordenadas ubicamos las oportunidades, los momentos, las frecuencias –juegos vespertinos y nocturnos, juegos pactados y ocasionales, juegos de fin de semana, de vacaciones, etc.– obtendremos, al cruzar las variables, una serie matricial apta para captar, con plenitud antropológica y precisión rítmica, el significado cultural de esos subsistemas lúdicros. Se trata, entiéndase, de un programa tentativo y no de la introducción a una taxonomía. El desarrollo de tan interesante ejercicio queda reservado a las investigaciones académicas de posibles tesis centradas en estos aspectos del cálculo matricial, en el delgado territorio donde, a modo de cuerda floja, hacen equilibrios las matemáticas y las ciencias del hombre.

Sin embargo es preciso anotar un rasgo común a los juegos de la gente "seria", que siempre ha procurado distinguirse y distanciarse de la turba infantil, quizá por un prurito de mala conciencia. El juego de los adultos se ubica en espacios nítidamente diferenciados de la vida cotidiana. Se practica en las brechas abiertas por las horas libres –que no son lo mismo que las horas de ocio–, en los terminales del día, en los fines de semana, es decir, cuando cesa o afloja la exigencia laboral. La dialéctica trabajo-descanso, obligación-recreación, necesidad-libertad, se hace patente en el fulgurante ocurrencia del juego. Jugar es evadirse de un tiempo regulado, cronometrado, para recuperar el tiempo esencial en donde no había antes ni después. Este tiempo creado, fabricado por la intimidad ensimismada de los jugadores, al ser un fragmento del tiempo sin tiempo de los orígenes es también una fluencia paralela al mismo. Se trata del tiempo personal y a la vez gentilicio que rescata la temporalidad afectiva del grupo comunitario, face to face, escamoteada por la sociedad civil, por la racionalidad contractual, por los roles, que reduce a las relaciones abstractas la convivencia concreta. En efecto, la historia al modo hegeliano, atenta a la astucia de la razón, se despreocupa por la biografía que es, ante todo, pasión.

El juego así instalado en la vida cotidiana abre una instancia gratificante, vacía de obligaciones, propicia a la emotividad de lo banal y sin embargo sorpresiva, abierta a lo imprevisto y, por ende, no utilitaria.

El juego en las sociedades cortesanas europeas tenía un sentido distinto al de la era industrial: a veces era un manifiesto de los rebeldes sin causa, a veces una tácita evasión. Los excesos de los jugadores libertinos del siglo XVII respondían a la revancha de una vitalidad y creatividad confiscadas por la inopia de los parásitos sociales y las postergaciones del dogma.[125] Los juegos de los salones del siglo XVIII, en cambio, servían para ahuyentar los bostezos, para disolver la acedía. Codillac define el juego tal cual lo concebían su clase y su época: "ocupación poco seria, imaginada para dar descanso a las personas ocupadas y para dar ocupación a las desocupadas. El juego es necesario sobre todo en las reuniones numerosas, en las que no es posible mantener el interés de la conversación. Se emplea para desambarazarse de las gentes a quienes no se sabe de qué hablar, y, con frecuencia, para desambarazarse de uno mismo".[126]

La cínica declaración de Condillac no deja de ser cierta: desembarazarse de uno mismo y de su carga de pre-ocupaciones, amén de las complicidades con el fracaso del proyecto personal: he aquí una constante del juego de salón de todas las épocas. Crear una realidad levitante al margen de toda gravedad (y gravitación) del espíritu, evadir la realidad fantasmal de un purgatorio de pelucas y atavíos: esta es la

---

[125] Sobre los libertinos puede leerse las breves pero intensas páginas que les dedica J. Duvignaud, *Op.cit.* También hay interesantes puntos de vista en R.Popkin, *The History of Scepticismus from Erasmus to Spinoza.* University of California Press, Berkeley, 1979, traducida al español por el Fondo de Cultura Económica, México.

[126] E. Bonnot de Condillac, *Oeuvres philosophiques*, Presses Universitaires de France, Paris, 1945-1951, t.3°.

misión del no-hacer vicario que anestesia al quehacer vital y canjea las soledades del rito cotidiano por la trivialidad lúdicra de las cortes –el cortejo y la cortesanía que fueran analizados ejemplarmente por Elías –donde a falta del poder mismo el cortesano se convierte en un bufón o un juglar del poder.

El tiempo del juego es un tema rico y sus escenarios y personajes muy variados: la rueda de naipes en la taberna sabatina, circundada de dichos y dicterios; la sociedad lúgubre y ansiosa que concita la sala de los casinos; la lid vespertina de los ajedrecistas en las mesas de los cafés y al margen del bullicio mundanal, cuyas aguas no mojan el resplandor enjuto de los pensamientos; los jubilados y sus bochas, los ejecutivos y su bridge, los obreros y sus barajas grasientas, los campestres y sus partidas de taba. Cada edad, cada profesión, cada clase social participa en el juego con su cuota específica e tiempo libre –cuantificado y calificado– y elabora los distintos ritmos del tiempo lúdicro: en algunos juegos el tiempo se adensa y adquiere la pátina mineral de un mundo recién nacido, en otros fluye la condición áurea de la humanidad evocada por el Génesis bíblico en el Próximo Oriente, por el labriego Hesíodo en Grecia y por el Emperador Amarillo en China. El jugador, cuando produce el tiempo-espacio propio del juego, y que el propio juego, como un bumerang, le devuelve cumplidamente, se olvida del mundo, que es res extensam y de su propia vida psíquica, que es res cogitans: se deja llevar por las aguas lustrales de un tiempo activo y pasivo a la vez, natura naturata y natura naturans al unísono.

De tal modo se pierde la noción de la permanencia en un tiempo pautado por el reloj e impuesto por los segmentos de la jornada tripartida en tres períodos de ocho horas que ordenan dormir, trabajar, comer, llegar, partir y llegar de nuevo, asumir y desechar papeles sociales, amar y renunciar al amor, des-vivirse antes de vivir, aparentar antes que ser.

Los ajedrecistas puros, a quienes no les interesa el torneo oficial y no dependen del reloj reglamentario para hacer la movida, se olvidan del horario y el calendario y entran en el Otro Tiempo, el de la alta y luminosa atmósfera de la duración y el espacio interiores al juego mismo. Y como el juego es conducido por mentefactos y objetivado en artefactos humanos, es el hombre en definitiva quien crea y recrea estas dimensiones del espíritu: producción de lo improductivo, demiurgia de la libertad en el orden del cosmos y el repentinismo de la cultura, pequeño planetoide sublunar de fantasías fabricadas y objetivizadas por nuestra especie.

Del mismo modo los protagonistas del póquer u otros juegos de naipes, donde el azar, la estrategia y la pasión se mezclan, pierden la noción del día y de la noche, del hambre y la sed, del ayer y del mañana. Inauguran así las categorías de un absoluto presente que ensancha la delgadísima franja que separa el tiempo de los psicólogos y los metafísicos (el tiempo vivido y el tiempo óntico de Bergson, Minkowski, Husserl y los existencialistas desde Heidegger a Marcel), del tiempo sustantivo de los físicos, aquel ser incorpóreo que Gassendi colocaba entre el espíritu y la materia y que Newton consideraba una realidad en sí.[127]

Se juega, dicen muchos, para "matar al tiempo", pero este túnel de olvido que no lleva a ninguna parte, que renuncia a toda la teleología, abre la vida a una dimensión que está más allá del des-tiempo y más acá del contra-tiempo. Se desarrolla, en consecuencia, un tiempo segregado, como la

---

[127] I. Newton dijo sobre el tiempo: *"De sí mismo y por su propia naturaleza el tiempo absoluto, real y matemático, fluye uniformemente, sin relación con algo exterior. Este tiempo también se denomina duración. El tiempo relativo, aparente y vulgar es una medida sensible y externa –ya exacta, ya aproximativa– de la duración por medio del movimiento. De tal modo se utilizan habitualmente la hora, el día, el mes, el año, en lugar del tiempo verdadero"*. Philosophia naturalis principia mathematica, Londini, 1687; *Definitiones, scholium.*

tela de las arañas, por un microcosmos donde, una Creación nunca terminada concita una y otra vez a los mitos de los orígenes. La tela así fabricada aprisiona a los espíritus que vuelan desde el tiempo real y los vacía de ese tiempo externo, liberándolos de la espacialidad de la etología y la temporalidad del ecosistema. Advienen entonces otra lógica y otra semiótica: las reglas del juego desfasan las reglas de la mente y de la vida. La eternidad y el tiempo, entidades que se excluían según los gnósticos, juegan a las escondidas en el juego; cada partida es una cápsula de eternidad que el hombre fabrica y consume, al margen de todo alucinógeno ritual. Es más: la cultura y la nurtura del juego son el envés de la cultura y la nurtura de los alucinógenos. La Otra Realidad del juego exige la plenitud de los sentidos para convertir la evasión en encuentro. En efecto, los flecheros lúdicros apuntan con sus arcos hacia otros blancos, hacia las dimensiones cuánticas de la vida, hacia una microfísica indeterminista que nos ayuda a evadir la pesantez de la materia con la ingravidez de sus infinitos espejismos.

Tiempo objetivo y tiempo subjetivo, tiempo pautado desde afuera y tiempo vivido desde adentro: el juego es un semillero de situaciones y paradigmas que han rehuido explorar los científicos y los filósofos. Tal vez este vade retro se justifique porque ambas especies de mentalidades encuentran implícitas en el tiempo laberíntico del juego la metaciencia y la metafilosofía que siempre han procurado descifrar, antes y después de los románticos, los grandes adivinos de verdades de todas las épocas.

El volador, juego azteca, que sobrevive actualmente, según Clavijero.
(Siglo XVIII)

Caimán rodante, juguete (o figulina ritual) de la zona de Remojada, Veracruz. Época prehispánica.

Niña indígena columpiándose.

Período preclásico de la meseta de México.

X. Juego y espacio

Al igual que el tiempo, el espacio puede ser plausible, como antes se indicaría, de un triple análisis en lo que tiene que ver con sus relaciones con el juego, a saber: 1°) La sincronía de las familias y especies lúdicras en el espacio mundial contemporáneo; 2°) El espacio privativo de cada juego como sistema; 3°) Las concepciones y utilización del espacio creado por el jugador o los jugadores, ya en las estructuras y procesos intrínsecos del juego, ya entre persona y persona, ya con la configuración ambiental que circunda a los valores posicionales de las personas y las cosas.

Este tema es muy rico. Todas las consideraciones y teorizaciones, toda la experiencia y la vivencia de los espacios imaginados y/o actuados converge en la topología del juego y el análisis puntual de las situaciones concretas.

En este ámbito caben las descripciones de los psicólogos y las cuantificaciones de los sociólogos al estilo simmeliano; constituye, sobre todo, un territorio fértil para la modelización de los topólogos y las categorías de los filósofos.

Tal vez el mejor ejercicio inicial para analizar el flujo dialéctico entre el espacio creado y la gravitación psíquica y cultural de ese espacio en los sujetos lúdicros es la descripción fenomenológica del ambiente y el entorno, es decir, lo medial y lo potencial, que surgen en una partida de naipes.

El escenario es simple: se trata de un cuarto en sombras y de una mesa, iluminada por un cono de luz que destaca vivamente los brazos y las manos de los jugadores. Los rostros apenas están dibujados y la mitad posterior de los cuerpos se confunde con la penumbra que sume a la habitación en una especie de cuenco oceánico, con algo de caos inicial y mucho de antesala del quiliasmo, el milenio cuya consumación abrirá las puertas al Apocalipsis.

La mesa, los naipes, las fichas, el ir y venir de los brazos, el aleteo de las manos, los ritmos que pautan el comienzo y el fin de las jugadas, son los subsistemas de un sistema mayor. Dicho sistema mayor transcurre desde una física visible a una trasfísica (y no metafísica) emergente. Esta física y es trasfísica están mentando un espacio actuado y un tiempo vivido –el espacio engendra el tiempo, su parricida– al par que elaboran un pequeño universo significativo por sí mismo. Detrás del límite penumbroso, fuera del interés de los jugadores, a la vez criaturas y progenitores del Azar, está la Nada. El mundo no existe; las alusiones sensibles que provienen de las sucesivas conchas ambientales –la habitación, la casa, la calle, los ruidos mágicos de la noche– se rompen, como sordas olas, en la escollera establecida por los límites del cono luminoso. Sólo vive y respira ese espacio humanizado donde resuenan las fichas y los naipes cruzan el aire como peces voladores; solo importa la lógica y la ana-lógica de unos signos materializados, sin funciones rituales ya, que, empero desquitan la pérdida del sentido inicial (e iniciático) recuperando el tiempo repetitivo de los comienzos con el tiempo final de los desenlaces. Cada partida finiquitada en ese espacio invariable, neutro, que se autoalimenta engullendo los sistemas simbólicos por él creados, reclama un re-comienzo, un desquite, una nueva oportunidad para que los anuncios fastos y nefastos recuperen su equilibrio. A veces, sin que sea necesario recurrir a los isomorfismos atravesados por el cordel traslúcido de las ecuaciones diferenciales, cada partida de naipes modela (y modeliza) una versión empírica de la teoría general de los sistemas. Stravinski quiso transcribir esta tensión espaciotemporal al lenguaje de la música; el gran algoritmo de las matemáticas relacionales puede conducirla, sin violencia, a la casa de la filosofía.

Y entonces no resulta fantástico ni fantasioso descubrir en este mínimo escenario un espacio donde el *Verweile doch, Du bist so sehön* ("detente minuto fugaz; ¡eres ten bello!") del Fausto goethiano procura esquivar la maldición de la segunda ley de la termodinámica. De tal modo, dicho reclamo vuela sin volar como la alfombra de Ozma a través del Desierto Moral y se perpetúa en la inmóvil y esférica perfección soñada por Parménides.

El espacio el juego concita estas y otras alusiones esenciales y existenciales. Al par que se agota en sí mismo y sólo aspira a sí mismo dicho espacio funda un mundo puertas adentro, tras la cintura de sus límites. Y en el interior de esos límites –conos de luz petrificada, círculos y omphalos (ombligos) de las partidas de bolitas, laberintos de la rayuela, cuadrículas y diagonales del te-te-ti–, crece y se reproduce una actividad mántica tan vieja como la cultura.[128] Este

---

[128] *"Muchos de nuestros juegos recaban sus principios de una construcción tetrática mántica o templum. Su función originaria fue más honda y sustancial que el puro juego: desempeñaron el papel de armazón propia de la actividad adivinatoria. Recordemos que una de las formas en que ésta se presenta es la americana de arrojar al aire abichuelas o granos de maíz que en su caída se ubicarán en determinadas posiciones en un cuadrilátero marcado en el suelo. Este procedimiento, que es ya casi un juego, proclama su parentesco mántico con los conocidos esquemas tetrácticos de juegos como el ta-te-ti, la rayuela y el ludo, este último con el agregado de los cuatro colores, esquemas que Parker ha encontrado en los templos de Ceylán y en las columnatas de Egipto. El ta-te-ti, especialmente, se llama en Ceylán narenchi keliya y se halla además en el templo egipcio de kurná, del siglo XIX a.J.C. ¿Y los colores de los cuatro palos de los naipes: amarillo (oros), azul (espadas), rojo (copas) y verde (bastos)? ¿Y las casillas fastas y nefastas características de otros juegos? Estamos, evidentemente, en presencia de la grandiosa cosmología protohistórica que ha dejado claros vestigios hasta en una de las actividades más intrascendentes de nuestra moderna forma de vida",* R. Orta Nadal, *Op.cit.*

154

espacio lúdicro reclama, en definitiva, una forma de ser que se repita como un bucle de la eternidad y una forma de estar semejante a la de las Islas Bienaventuradas que, sin ayer y sin mañana, se diseminan en el Mar de la Inquietud, es decir, en las aguas tempestuosas del devenir, del tiempo que es cambio y sufrimiento a la vez que creación liberadora.

Juegos indígenas según el dibujante alemán Cristopher Weiditz, 1529, quien los dibujó en la corte de Carlos I de España, observando a los cautivos que llevó Hernán Cortés al retornar a España.